DUMBBELL TRAINING
2nd edition
Allen Hedrick

パフォーマンス向上のための
ダンベルトレーニング

オリンピックリフティングを効率的にマスターできる

日野レッドドルフィンズ ヘッドS&Cコーチ
和田 洋明 [訳]

注意：すべての学問は絶え間なく進歩しています。研究や臨床的経験によってわれわれの知識が広がるに従い，各種方法などについて修正が必要になります。ここで扱われているテーマに関しても同じことがいえます。本書では，発刊された時点での知識水準に対応するよう著者・訳者および出版社は十分な注意をはらいましたが，過誤および医学上の変更の可能性を考慮し，本書の出版にかかわったすべての者が，本書の情報がすべての面で正確，あるいは完全であることを保証できませんし，本書の情報を使用したいかなる結果，過誤および遺漏の責任も負えません。読者が何か不確かさや誤りに気づかれたら出版社にご一報くださいますようお願いいたします。

訳者序文

　著者であるアレン・ヘドリックコーチとは，20 年以上にわたって親交を深めてきた。初めてヘドリックコーチに会ったのは，彼がアメリカ，コロラド州にある USA Air Force Academy（空軍士官学校）のヘッドストレングス＆コンディショニング（S&C）コーチとして働いていた時に，現地を訪れ，施設をガイドしてもらった時であった。当時の日本では，小さなスペースにトレーニング機器が所狭しと並ぶようなジムがほとんどであったため，その規模の大きさ，器具の数,何百人といるアスリートを管理する様子に圧倒されてしまった。また,トレーニングのメソッドについても，ただ重量を挙げるということではなく，競技特性を加味して，何をどのようにトレーニングすることでパフォーマンスを向上させるかということが明確にプログラムされていることに，感銘を受けた。そのプログラムの中には,様々なダンベルエクササイズはもとより，ストロングマントレーニングなど，ありとあらゆる方法が用いられていた。その現場で感じたことは,ダンベルをもっとうまく使えば，日本の狭い施設でもいろいろなことができるのではないかということであった。当時の Air Force Academy のウエイトルームは世界で最大と言われ，プラットフォームが 100 台並ぶようなデザインがなされていた。日本でこのような規模，コストのウエイトトレーニング施設の運営はまず不可能であるが，ダンベルを活用すれば，予算も抑えられ，スペースも最小限でよく，バリエーション豊富にトレーニングできると考えた。また，ダンベルを用いたオリンピックリフティングは，バーベルを用いるよりも簡単に習得できることから，アスリートに最も必要なパワートレーニングを効率的に導入することができる。場所，コスト，効率性すべてにおいて，ダンベルトレーニングは日本の現状にマッチした方法であると考えられる。

　本書はダンベルエクササイズのテキストとしてだけでなく，プログラムデザインの教科書としてもお勧めできる。本文にも再三記されているように，何のためにトレーニングするのかという目的と，そのための手段が必ず一致していなくてはならないということは,常々ヘドリックコーチから指導されていることである。この概念のもと，どのようにトレーニングプログラムを作成していけば良いかと

いうことについても，学ぶことができる教材だということができる。

2020 年 6 月

和田　洋明

日本語版に寄せて

　私の著書である『Dumbbell Training』の日本語版が出版されることを大変名誉に感じています。長きに渡る NSCA ジャパンとのおつきあいの中で，３度，招聘講師として来日し，たくさんの日本の方と友人となることができました。また，本書の訳者である和田洋明コーチがコロラド州立大学プエブロ校で研修を受けた際には，妻とともにホストファミリーとして彼を迎える機会を得ました。その間，私とともに仕事をし，ダンベルエクササイズに精通した和田コーチが，本書を翻訳したことを大変喜ばしく思っています。読者の皆様やそのクライアントの方々に役立つ情報を提供できれば幸いです。

　S&C コーチとしての 30 年間のキャリアの中で，多くのアスリートにダンベルトレーニングを指導してきました。ダンベルエクササイズは，トレーニングプログラムに導入することで，あらゆる人がユニークな利益を得ることができ，年齢や能力を問わず適切に用いることができるツールだといえます。私の経験から，競技力向上のためだけでなく，フィットネスや美容のためにも，ダンベルを用いることを強くお勧めします。本書の情報が皆様のお役に立つよう祈念します。

アレン・ヘドリック

はじめに

　レジスタンストレーニングの一様式としてのダンベルの使用には，長い歴史がある。ここでは，そのような歴史を簡潔にレビューしたうえで，ダンベルの種類と使用法，さらに本書で紹介するエクササイズを行うための器具について述べる。

　ダンベルの最初期の前身とされるのが，「ハルテア（halteres）」と呼ばれるものであり（写真），古代ギリシアで今日のダンベルのように使用されていた。ハルテアは石もしくは金属でつくられ，2〜9 kg の重さがあり，握りやすいようにグリップがつけられていた。古代エジプト，中国，インドなど他の多くの国でもレジスタンストレーニングは行われていたが，現代のウエイトトレーニング機器の前身を作ったのは古代ギリシア人だとされている。彼らは，ハルテアをレジスタンストレーニングに用いたことに加え，ロングジャンプを行う際にも使用していた。両手にハルテアを持ち，ジャンプの距離を伸ばそうと試みていたのだ。興味深いことに，ダビデが巨人ゴリアテを倒す時に使った武器を表わす単語として，ハルテアが使われている古文書もある（Todd 2003）。

　インドでは，千年以上もの間，ダンベルと似た形状の「インディアンクラブ」が使用されていた。インディアンクラブは，19 世紀後半，ヨーロッパおよびイギリス圏の国々，またアメリカでも人気を博した。形状が棍棒（club）のようだっ

石製のハルテア。古代ギリシャに由来するとされ，現代のウエイトトレーニング機器の祖先とされる。

たため，そのように呼ばれた。ボウリングのピンのような形状の木製の棍棒で，様々な大きさや重量のものがある（約 1 kg 〜 23 kg）。通常，インストラクターのもと，グループエクササイズなどで振り回したりしながらペアで使用される。こうしたトレーニングでは，個人の能力によって様々な重量のものが用いられる。

「ダンベル」という単語はイギリスに起源し，教会の鐘を鳴らすための動作を鍛えるための機器に由来する。鐘は音が出ないように固定されていたことから，ダンベル（dumb-bells：音の出ない鐘）と呼ばれるようになった。ストレングストレーニングのために様々な機器が作られるようになり，その時の形状から変化したものの，ダンベルという名称は残った。そして，17 世紀初頭，現在我々がダンベルと認知するものが製造されるようになった。

ダンベルには，ウエイト取替式，ウエイト固定式，ウエイト選択式の，主に 3 種類がある。ウエイト取替式は金属製のハンドルとプレートからなる。たいてい，ハンドルの中央部には，ナーリングと呼ばれるギザギザの滑り止めが施されている。プレートは両サイドにスライドインでき，クリップやカラーで止めることができる。この構造の利点は，様々な重量設定をするために，たった 2 本のハンドルとそれを同重量にするためのプレートがあればよいということである。難点は，異なるエクササイズ（ダンベル・ラテラルレイズとダンベル・スクワットなど）を行うたびに，重量を取り替えなければならないことである。また，トレーニング経験を積めば筋力が向上し，トレーニングに必要な負荷が増加するので，高重量に設定できるものでなければならない。

ウエイト固定式のダンベルは一定の型の鉄でできており，鋳型のものと，プレートがハンドルに固定されたものとがある。また，プレート部分をラバーなどで覆ってクッションを施し，床を傷つけないようにしているものもある。安価な（耐久性が低い）ダンベルには，コンクリートをラバーで覆っただけのものもある。ウエイト固定式ダンベルの主な利点は，次のエクササイズを始める際に，いちいち重量を変更する必要がなく，必要な重量のダンベルを準備すればよいだけであることである。難点は，可変タイプに比べ，エクササイズに応じて多くの種類のダンベルを用意しておかなければならないことである。

これら 2 つの種類より比較的新しいのは，ウエイト選択式である。プレートを付け替えるのではなく，ダイヤルを合わせたり調整ピンを使用する重量に差し込

むことで，重量を選択できる。ウエイト選択式はダンベルホルダーにセットされていて，使用する重量を設定するために摘みの部分を合わせたり，ピンを差し込んだりする。ハンドルを取り外した際，選択された重量のみが取り外されることになる。選択式の利点は，取替式と同じで，1組のダンベルが必要なだけで，多くのものを必要としない。難点は，その都度必要な重量に調整しなければならない点である。これは大きな問題ではないが，若干の時間をとることになる。

　ダンベルエクササイズは，他に器具をほとんど必要としないが，角度を調整可能なベンチがあると便利である。これがあれば，ダンベルによるフラットベンチプレス，インクラインプレス，デクラインプレスが可能となる。また，シングルレッグ・スクワットやダンベル・ローを行うこともできる。脚を固定するアタッチメントがあれば，デクラインの状態で腹筋のエクササイズを行うこともできる。

　ベンチプレスやインクラインプレスといったエクササイズを高重量で行った後，ダンベルをゆっくり床に下ろすことは困難である。床を損傷しないように，ラバーマットやクッションとなるものを敷いておくとよい。また，爆発的動作で行う全身エクササイズは，セット終了時，疲労していてダンベルをゆっくり下ろすことが困難なため，ラバーマットなどの上で行うことを推奨する。

　本書で紹介するエクササイズを行うために必要なものは，ダンベル，調整可能なベンチ，床を保護するためのラバーマットであり，他にはほとんど何も必要としない。ということは，ダンベルはホームジムにも適した器具だといえる。第1〜3章では，ダンベルを用いたトレーニングの利点と，ダンベルエクササイズを組み込んだプログラムの作成について説明する。

　第4〜7章では，エクササイズの正しいテクニックをリストにしたがって検証し，第8〜10章では，ゴール（第8章：フィットネス，第9章：減量，第10章：筋肥大）ごとの情報を提供する。さらに，第11〜13章で，様々なスポーツのためのプログラム例を挙げる。第11章はパワー系スポーツのためのトレーニング，第12章はスピード系スポーツのためのトレーニング，第13章はアジリティとバランスのトレーニング（レスリング，サッカー，アイスホッケー，スキーなどのスポーツのためのトレーニング）である。すべてのスポーツについて触れることはできないが，ここで示すワークアウト例は，どのようなスポーツのプログラムを作成するためにも，有効な情報となるだろう。

目　次

第Ⅰ部　ダンベルを用いたトレーニング

第Ⅱ部　エクササイズ

第Ⅲ部　プログラムの作成

エクササイズ一覧

エクササイズ名	主働筋	共働筋	単関節/多関節	ページ
第4章：上半身のエクササイズ				
肩　部				
アーノルドプレス	三角筋前部	三角筋側部，上腕三頭筋，僧帽筋，前鋸筋，棘上筋	多関節	53
アームサークル	三角筋側部	三角筋前部，広背筋，僧帽筋，ローテーターカフ	単関節	47
アップライト・ロー	三角筋前部	三角筋前部，棘上筋，上腕筋，腕橈骨筋，僧帽筋中部・下部，前鋸筋，棘下筋	多関節	54
オルタネイティング・ショルダープレス	三角筋前部	三角筋側部，棘上筋，上腕三頭筋，僧帽筋中部・下部，前鋸筋，大胸筋	多関節	50
ショルダープレス	三角筋前部	三角筋側部，棘上筋，上腕三頭筋，僧帽筋中部・下部，前鋸筋，大胸筋	多関節	48
シングルアーム・ショルダープレス	三角筋前部	三角筋側部，棘上筋，上腕三頭筋，僧帽筋中部・下部，前鋸筋，大胸筋	多関節	52
フロントレイズ	三角筋前部	大胸筋，三角筋側部，僧帽筋中部・下部	単関節	45
ラテラルレイズ	三角筋側部	三角筋前部，棘上筋，僧帽筋中部・下部，前鋸筋	単関節	46

エクササイズ名	主働筋	共働筋	単関節/多関節	ページ
胸　部				
インクライン・フライ	大胸筋	三角筋前部，上腕二頭筋	単関節	58
インクラインプレス	大胸筋	三角筋前部，上腕三頭筋	多関節	61
オルタネイティング・インクラインプレス	大胸筋	三角筋前部，上腕三頭筋	多関節	62
オルタネイティング・デクラインプレス	大胸筋	三角筋前部，上腕三頭筋	多関節	66
オルタネイティング・ベンチプレス	大胸筋	三角筋前部，上腕三頭筋	多関節	70
クローズグリップ・インクラインプレス	大胸筋	三角筋前部，上腕三頭筋	多関節	64
シングルアーム・インクラインプレス	大胸筋	三角筋前部，上腕三頭筋	多関節	63
シングルアーム・デクラインプレス	大胸筋	三角筋前部，上腕三頭筋	多関節	67
シングルアーム・ベンチプレス	大胸筋	三角筋前部，上腕三頭筋	多関節	71
スタンディング・アップワード・フライ	大胸筋	三角筋前部，上腕二頭筋	単関節	60
ダンベル・プッシュアップ	大胸筋	三角筋前部，上腕三頭筋	多関節	55
デクライン・フライ	大胸筋	三角筋前部，上腕二頭筋	単関節	59
デクラインプレス	大胸筋	三角筋前部，上腕三頭筋	多関節	65
バリープレス	大胸筋	三角筋前部，上腕三頭筋	多関節	72
フライ	大胸筋	三角筋前部，上腕二頭筋	単関節	57
プルオーバー	大胸筋	広背筋，大円筋，上腕三頭筋，三角筋後部，小胸筋，菱形筋，肩甲挙筋	単関節	56
ベンチプレス	大胸筋	三角筋前部，上腕三頭筋	多関節	68
リバース・ワイドグリップ・ベンチプレス	大胸筋	三角筋前部，上腕三頭筋	多関節	69

エクササイズ名	主働筋	共働筋	単関節/多関節	ページ
上背部				
シュラッグ	僧帽筋	肩甲挙筋	単関節	73
シングルアーム・プルオーバー	広背筋	大胸筋，菱形筋，上腕三頭筋	単関節	74
ベントオーバー・ラテラルレイズ	三角筋後部	菱形筋，僧帽筋	単関節	75
リバース・インクライン・トラッププレス	三角筋後部	菱形筋，僧帽筋	多関節	76
ロー	広背筋	僧帽筋，菱形筋，上腕二頭筋，脊柱起立筋	多関節	77
ワイドグリップ・ロー	僧帽筋	菱形筋，三角筋後部，広背筋	多関節	78
上腕二頭筋				
カール	上腕二頭筋	上腕筋，腕橈骨筋	単関節	80
コンセントレーションカール	上腕二頭筋	腕橈骨筋	単関節	85
ゾットマンカール	上腕二頭筋	腕橈骨筋	単関節	84
ダンベル・ドラッグカール	上腕二頭筋	三角筋後部	単関節	83
ハンマーカール	腕橈骨筋，上腕二頭筋	三角筋後部，僧帽筋，肩甲挙筋	単関節	81
リバースカール	腕橈骨筋，上腕二頭筋	三角筋後部，僧帽筋，肩甲挙筋	単関節	82
上腕三頭筋				
キックバック	上腕三頭筋		単関節	87
クローズグリップ・ダンベルプレス	上腕三頭筋	大胸筋，三角筋前部	単関節	88
スカルクラッシャー	上腕三頭筋		単関節	89
トライセプス・エクステンション	上腕三頭筋		単関節	86

エクササイズ名	主働筋	共働筋	単関節/多関節	ページ
第5章：下半身のエクササイズ				
アークランジ	大殿筋	大腿四頭筋，大内転筋，ヒラメ筋	多関節	106
カーフレイズ	腓腹筋	ヒラメ筋	単関節	114
ゴブレットスクワット	殿筋群，大腿四頭筋	ハムストリングス，脊柱起立筋，僧帽筋	多関節	100
サイドランジ	大殿筋	大腿四頭筋，大内転筋，ヒラメ筋	多関節	104
ジャンプスクワット	大腿四頭筋	大殿筋，大内転筋，ヒラメ筋	多関節	92
シングルレッグ・ジャンプスクワット	大腿四頭筋	大殿筋，大内転筋，ヒラメ筋	多関節	96
シングルレッグ・スクワット	大腿四頭筋	大殿筋，大内転筋，ヒラメ筋	多関節	94
シングルレッグ・ストレートレッグ・デッドリフト	ハムストリングス	脊柱起立筋，大殿筋，大内転筋	多関節	111
シングルレッグ・フロントスクワット	大腿四頭筋	大殿筋，大内転筋，ヒラメ筋	多関節	99
スクワット	大腿四頭筋	大殿筋，大内転筋，ヒラメ筋	多関節	91
ステップアップ	大腿四頭筋	大殿筋，大内転筋，ヒラメ筋，腓腹筋	多関節	113
ストレートレッグ・デッドリフト	ハムストリングス	脊柱起立筋，大殿筋，大内転筋	多関節	110
スモウ・デッドリフト	殿筋群，大腿四頭筋	ハムストリングス，脊柱起立筋，僧帽筋	多関節	101
ピボットランジ	大殿筋	大腿四頭筋，大内転筋，ヒラメ筋	多関節	109
フロントスクワット	大腿四頭筋	大殿筋，大内転筋，ヒラメ筋	多関節	98
ホッケーランジ	大殿筋	大腿四頭筋，大内転筋，ヒラメ筋	多関節	105
ラテラルスクワット	大腿四頭筋	大殿筋，大内転筋，ヒラメ筋	多関節	102
ランジ	大腿四頭筋	大殿筋，大内転筋，ヒラメ筋	多関節	103
リバースランジ	大腿四頭筋	大殿筋，大内転筋，ヒラメ筋	多関節	108
レッグカール	大腿二頭筋，半膜様筋，半腱様筋	腓腹筋，ヒラメ筋	単関節	112

エクササイズ名	主働筋	共働筋	単関節/多関節	ページ
第6章：体幹部のエクササイズ				
腹筋群				
アブホイール	腹直筋,腹横筋	三角筋,上腕三頭筋,広背筋	多関節	129
オルタネイティング・トウタッチ	腹直筋	腹斜筋	多関節	121
オルタネイティング・プレスクランチ	腹直筋	腹斜筋	多関節	126
オルタネイティング・Vアップ	腹直筋	腸腰筋,大腿筋膜張筋,恥骨筋,縫工筋,大腿直筋,長内転筋,短内転筋,腹斜筋	多関節	123
クランチ	腹直筋	腹斜筋	多関節	116
サイドベンド	腹斜筋	腹直筋,腰方形筋	単関節	130
ツイスティング・クランチ	腹斜筋	腹直筋,大腰筋	多関節	118
デクライン・オルタネイティング・プレスクランチ	腹直筋	腹斜筋	多関節	127
デクライン・クランチ	腹直筋	腹斜筋	多関節	117
デクライン・ツイスティング・クランチ	腹斜筋	腹直筋,大腰筋	多関節	119
デクライン・プレスクランチ	腹直筋	腹斜筋	多関節	125
トウタッチ	腹直筋	腹斜筋	多関節	120
プレスクランチ	腹斜筋	腹斜筋	多関節	124
レッグレイズ	腸腰筋	腹直筋,内腹斜筋,外腹斜筋	単関節	128
ロシアンツイスト	腹斜筋	腹直筋,脊柱起立筋	単関節	131
Vアップ	腹直筋	腸腰筋,大腿筋膜張筋,恥骨筋,縫工筋,大腿直筋,長内転筋,短内転筋,腹斜筋	多関節	122
腰　部				
ツイスティング・バックエクステンション	脊柱起立筋	大殿筋,ハムストリングス,大内転筋	多関節	134
バックエクステンション	脊柱起立筋	大殿筋,ハムストリングス,大内転筋	多関節	132

エクササイズ名	主働筋	共働筋	単関節/多関節	ページ
第7章：オリンピックリフティング：全身のエクササイズ				
オルタネイティング・パワークリーン	大腿四頭筋，腓腹筋，大殿筋，ハムストリングス	僧帽筋，広背筋，上腕二頭筋，腹直筋，脊柱起立筋，三角筋，上腕三頭筋	多関節	158
オルタネイティング・パワージャーク	大腿四頭筋，腓腹筋，大殿筋，ハムストリングス	三角筋，上腕三頭筋，腹直筋，脊柱起立筋	多関節	146
オルタネイティング・パワースナッチ	大腿四頭筋，腓腹筋，大殿筋，ハムストリングス	僧帽筋，広背筋，上腕二頭筋，腹直筋，脊柱起立筋，三角筋，上腕三頭筋	多関節	170
オルタネイティング・ハングクリーン	大腿四頭筋，腓腹筋，大殿筋，ハムストリングス	僧帽筋，広背筋，上腕二頭筋，腹直筋，脊柱起立筋，三角筋，上腕三頭筋	多関節	164
オルタネイティング・プッシュプレス	大腿四頭筋，腓腹筋，大殿筋，ハムストリングス	三角筋，上腕三頭筋，腹直筋，脊柱起立筋	多関節	140
シングルアーム・スプリット・オルタネイティングフット・スナッチ	大腿四頭筋，腓腹筋，大殿筋，ハムストリングス	僧帽筋，広背筋，腹直筋，脊柱起立筋，三角筋，上腕三頭筋	多関節	178
シングルアーム・パワークリーン	大腿四頭筋，腓腹筋，大殿筋，ハムストリングス	僧帽筋，広背筋，腹直筋，脊柱起立筋，三角筋，上腕三頭筋	多関節	160
シングルアーム・パワージャーク	大腿四頭筋，腓腹筋，大殿筋，ハムストリングス	三角筋，上腕三頭筋，腹直筋，脊柱起立筋	多関節	148
シングルアーム・パワースナッチ	大腿四頭筋，腓腹筋，大殿筋，ハムストリングス	僧帽筋，広背筋，腹直筋，脊柱起立筋，三角筋，上腕三頭筋	多関節	172
シングルアーム・ハングクリーン	大腿四頭筋，腓腹筋，大殿筋，ハムストリングス	僧帽筋，広背筋，上腕二頭筋，腹直筋，脊柱起立筋，三角筋，上腕三頭筋	多関節	166
シングルアーム・プッシュプレス	大腿四頭筋，腓腹筋，大殿筋，ハムストリングス	三角筋，上腕三頭筋，腹直筋，脊柱起立筋	多関節	142
スプリット・オルタネイティングフット・オルタネイティングアーム・ジャーク	大腿四頭筋，腓腹筋，大殿筋，ハムストリングス	三角筋，上腕三頭筋，腹直筋，脊柱起立筋	多関節	152

エクササイズ名	主働筋	共働筋	単関節/多関節	ページ
スプリット・オルタネイティングフット・オルタネイティングアーム・スナッチ	大腿四頭筋，腓腹筋，大殿筋，ハムストリングス	三角筋，広背筋，腹直筋，脊柱起立筋，三角筋，上腕三頭筋	多関節	176
スプリット・オルタネイティングフット・ジャーク	大腿四頭筋，腓腹筋，大殿筋，ハムストリングス	三角筋，上腕三頭筋，腹直筋，脊柱起立筋	多関節	150
スプリット・オルタネイティングフット・シングルアーム・ジャーク	大腿四頭筋，腓腹筋，大殿筋，ハムストリングス	三角筋，上腕三頭筋，腹直筋，脊柱起立筋	多関節	154
スプリット・オルタネイティングフット・スナッチ	大腿四頭筋，腓腹筋，大殿筋，ハムストリングス	三角筋，広背筋，腹直筋，脊柱起立筋，三角筋，上腕三頭筋	多関節	174
パワークリーン	大腿四頭筋，腓腹筋，大殿筋，ハムストリングス	僧帽筋，広背筋，上腕二頭筋，腹直筋，脊柱起立筋，三角筋，上腕三頭筋	多関節	156
パワージャーク	大腿四頭筋，腓腹筋，大殿筋，ハムストリングス	三角筋，上腕三頭筋，腹直筋，脊柱起立筋	多関節	144
パワースナッチ	大腿四頭筋，腓腹筋，大殿筋，ハムストリングス	僧帽筋，広背筋，腹直筋，脊柱起立筋，三角筋，上腕三頭筋	多関節	168
ハングクリーン	大腿四頭筋，腓腹筋，大殿筋，ハムストリングス	僧帽筋，広背筋，上腕二頭筋，腹直筋，脊柱起立筋，三角筋，上腕三頭筋	多関節	162
プッシュプレス	大腿四頭筋，腓腹筋，大殿筋，ハムストリングス	三角筋，上腕三頭筋，腹直筋，脊柱起立筋	多関節	138

全身の筋

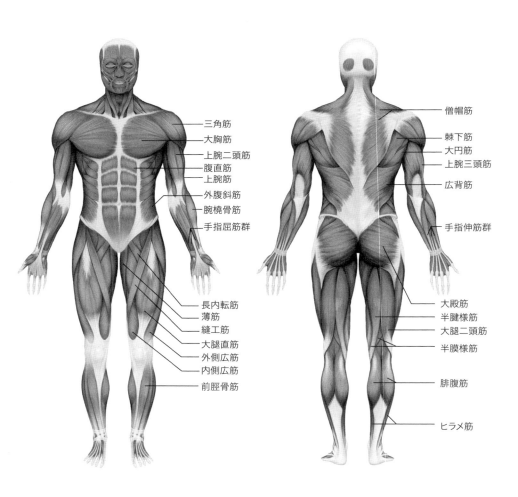

三角筋
大胸筋
上腕二頭筋
腹直筋
上腕筋
外腹斜筋
腕橈骨筋
手指屈筋群

長内転筋
薄筋
縫工筋
大腿直筋
外側広筋
内側広筋
前脛骨筋

僧帽筋
棘下筋
大円筋
上腕三頭筋
広背筋

手指伸筋群

大殿筋
半腱様筋
大腿二頭筋
半膜様筋

腓腹筋

ヒラメ筋

ダンベルを用いたトレーニング

　ダンベルを使うトレーニングは，ハードワークとなりうる。多くの人は，厳しいトレーニングに参加する前に，どのような利点があるのか知りたいはずである。実際，トレーニングプログラムにダンベルエクササイズを入れることで，大きな利益を得ることができる。

　利点のいくつかは実際的なものである。機器にかかるコストは低く，スペースもそれほど必要としない。また，生理的な利点もある。ダンベル・ベンチプレスを行った時の胸筋群の活動は，バーベルによるベンチプレスと同等であることが，研究によって示されている。さらに，ダンベルを使う場合には２つの別々の器具をコントロールしなければならないことから，バーベルを使う場合に比べてコアマッスルをより活発に動員することになる。

　ダンベルトレーニングをメインにしたレジスタンストレーニングのプログラムを作成することは，非常に難度が高いように思えるかもしれないが，そのプロセスは非常に簡単なものである。バーベルによるメインエクササイズ（あるいはマシンによるエクササイズ）は，ダンベルを使って行うことができる。バーベル・スクワットをダンベル・スクワットに置き換えるのは，その一例である。マシン・レッグプレスを置き換えるには，同じ筋群をトレーニングできるダンベルエクササイズを探さなければならない。この場合には，ダンベル・スクワットをあげることができる。同じく，ベントオーバー・ローやマシン・シーテッド・ローはダンベル・ローに置き換えることができる。

　ダンベルトレーニングによるこうした利点をもっと掘り下げることによって，どのようなトレーニングを行うことができるか，理解を深めることができる。これらの潜在的な利点をより深く理解すれば，より効果的なトレーニングプログラムを作成することができる。

第1章

ダンベルを用いることの利点

ダンベルを用いたトレーニングにより，様々な利益を得ることができる。その
いくつかは実際的なもので，その他のいくつかは生理学的なものである。ダンベ
ルを使用することは，疑いの余地なく，トレーニングプログラムの付加価値とな
るだろう。

ダンベルトレーニングの実際的な利点

まずは，実際的な利点についてみていくことにする。明らかな利点は，他のト
レーニングの様式と比較して，コストを抑えることができ，様々な状況にマッチ
させることができることである。ほとんどのトレーニングマシンは，1つのエク
ササイズにしか使うことができない。それに対して，ダンベルは様々なエクササ
イズに対応でき，バーベルで行おうとするエクササイズのほとんどを代替するこ
とができる。それだけではない。シングルアーム（片腕の動作）やオルタネイティ
ング（左右の交互動作）のエクササイズなど，バーベルでの実施が困難なエクサ
サイズも可能にする。こうしたことから，ダンベルエクササイズの可能性を認識
できるはずである。

ダンベルトレーニングがマシントレーニングに優る点として，第7章で議論
する爆発的な動作をトレーニングできる点もあげられる。著者が指導するアス
リート達も行っているが，ダンベルは爆発的エクササイズに非常に適している。

バーベルとプレートは，トレーニングマシンに比べると安価ではあるが，ダン
ベルはさらにコストを抑えることができる。また，多くのバーベルトレーニン
グは，ベンチ，スクワットラックなどを必要とし，スナッチ，クリーン，ジャー
クなどといったオリンピックリフティングを安全に行う場合には，オリンピック
バー，バンパープレート，プラットフォームといった機器も必要になってくる。
それに対してダンベルトレーニングは，若干のスペースと床を守るためのラバー

マットや，角度を調整できるベンチがあれば十分である。

　その他の利点として，ダンベルを保管するためのスペースと，実際にトレーニングするためのスペースがわずかでよいということがある。全身をトレーニングしようとすれば多くのマシンが必要となるし，バーベルトレーニングでも2mのバーとその両端に60cmずつのクッションを敷かなければならないことと比較すると，よくわかる。トレーニングを行う人の安全性を高めつつ，マシンやバーベルでのトレーニングよりも多くの人が同時に，ケガのリスクを最小限にして，トレーニングすることができる。例えば，150 m^{2}ほどの比較的小さなスペースで，20〜25人が同時にダンベルを使用してトレーニングすることができる。この場合，2人1組で一方がエクササイズを行い，もう一方が補助を行うことで，効率的にスペースを活用でき，安全性を確保できる。

　全身をトレーニングするのにも，比較的少ない数のダンベルがあればよい。中には，60 kg以上の重量でトレーニングするアスリートもいるが，多くの場合には2〜30 kgのダンベルを2 kg（あるいは2.5 kg）きざみで準備すれば，ほとんどのエクササイズを行うことができる。限られた数ではあっても，すべての主要な筋群をダンベルによってトレーニングすることができる。重量固定式のダンベルで，2〜30 kgの重量を2 kgきざみで準備したとしても，わずか15ペアである。ウエイト取替式でも，片方に5 kgプレートが6枚，2 kg（あるいは2.5 kg）が2枚，1.25 kgが2枚といった程度である。

　また，シングルレッグ・スクワットやラテラル・ボックス・クロスオーバーな

— 知ってる? —

　ダンベルを用いたトレーニングの優位性の1つは，バーベルトレーニングに比べて，それほど広いスペースを必要としないことである。ダンベルの他に必要だと思われるのが，ユーティリティベンチである。ダンベル・クリーンやダンベル・スクワットなどのエクササイズでは，他の機器を必要とせず，わずかなスペースさえあればよい。それに反して，バーベルトレーニングでは，パワーエクササイズではプラットフォーム，ベンチプレスやインクラインベンチプレスでは，サポートつきのベンチ，スクワットやフロントスクワットでは，スクワットラックなどを必要とする。さらに，安全にバーベルトレーニングを行うために，2m以上のスペースが必要となる。

どのエクササイズは，ダンベルで行った方がバーベルを使用するよりも安全である。というのも，ダンベルであれば，バランスを失った時などは，危険回避のために簡単に床に落とすことができるからである。これがバーベルであれば，自分がケガをせず，器具も損傷させずに床に落とすことは非常に難しい。

　また，ダンベルを使えば，ケガをしている時に，受傷部位以外を継続的にトレーニングすることが容易である。腕や肩をケガしていれば，バーベルで上半身のトレーニングを行うことはできない。しかし，シングルアームのエクササイズであれば，受傷していない側のトレーニングを継続できる。下半身をケガしていたら，バーベルでオリンピックリフティングを行うことはできないが，ケガしている側の脚を上げ，逆の手にダンベルを持って，バランスをとりながらリフティングを行うことはできる。

　最後に，ダンベルエクササイズはバーベルエクササイズよりも簡単に習得することができる。例えば，バーベルよりもダンベルでクリーンのキャッチを覚える方がはるかに簡単であることには，多くのストレングス＆コンディショニング（S&C）コーチやパーソナルトレーナーが同意するだろう。このことは，ダンベルを用いることで指導のプロセスが早まり，トレーニングの生産性をより早く得られることを意味する。これは，特にスポーツチームなどで大勢を指導する場合に重要なことである。

ダンベルトレーニングの生理学的な優位性

　ダンベルトレーニングは，生理学的にも優位性がある。バーベルトレーニングはダンベルトレーニングよりも一般的なので，より優れたトレーニング様式であると考えられている。ベンチプレスをバーベルとダンベルで行って筋活動を比較した研究によると，大胸筋のピーク時での筋活動はほぼ同等のものだった。いくつかの研究で示唆されていたように，ダンベルでの動作がバーベルでの動作よりも大きな筋活動を示すことはなかったが，低レップ（繰り返しの回数），低重量（3レップ，6 RMの重量）での実験だったため，疲労した状態での筋収縮を起こすまでには至らなかったためと思われる (Welsch, Bird, and Mayhew et al. 2005)。

4

　ダンベルトレーニングの最も重要な利点は，両手で同時にコントロールするバーベルとは異なり，2つのダンベルを別々にコントロールしなければならないことだろう。このため，多くのエクササイズでより複雑な運動制御を必要とする。

　2つのダンベルを使用することにより，オルタネイティング（片腕を押し上げもう片腕を下ろす動作を交互に行うこと，オルタネイティング・ベンチプレスなど）やシングルアーム（片腕だけで動作を繰り返す，シングルアーム・ベンチプレスなど）の動作を行うことができる。オルタネイティングのエクササイズやシングルアームのエクササイズは，片腕で行うスポーツ動作（パンチ，バレーボールのスパイク，ラケットのスウィング）（Behm et al. 2011）や，ドアを開ける，ペンキを塗るなどの日常生活の動作をトレーニングする手段として活用できる。両方とも，典型的なバーベルトレーニングとは異なるトレーニングの刺激を与えることができる（Lauder and Lake 2008）。

　2つのダンベルをコントロールするためにバランスが必要となり，関節を守るために安定性を高める筋の活動がバーベルやマシンによるトレーニングよりも活発になる。肩関節周辺の筋について考えれば，動員される筋がダンベルを正しい位置に保持するために働いていることが理解できる。つまり，ダンベルトレーニングは，関節の安定性を高めることにより，ケガのリスクを抑えることができる。

　さらに，エクササイズ中ダンベルを安定させることで，体幹部も活性化させる。競技パフォーマンスには体幹の強さが必要であることは周知のことである。したがって，安定性や体幹部の活動を必要とする点で，ダンベルトレーニングの優位

知ってる？

　レジスタンストレーニングを行っている時，筋は自分にどのような抵抗がかかっているのか知る由もない。ただ単に，課せられたタスクに，負荷に応じて対応しているだけである。結果として，ダンベルを含む様々な手段によって，筋力向上や筋肥大が起こるのである。活動の強度こそがその主な要素であり，抵抗を与える手段は何でもよい。

　トレーニングの単調さは，克服することが困難なものである。このことは，同じエクササイズを同じ機器で年中行うことから起こる。ダンベルエクササイズをトレーニングプログラムに加えることで，バリエーションを増やし，心理的なマンネリ化を脱却することができるだろう。

性を認めることができる（Koshida et al. 2008）。

　2つのダンベルを用いることで，バーベルを用いる場合よりも広い可動域でトレーニングすることができる。ベンチプレスをバーベルで行う場合，バーが胸に触れるところまでが可動域となる。ダンベルの場合，バーが動作を止めてしまうことがないので，手を胸より低い位置まで下ろすことができる。

　ダンベルは，トレーニングプログラムにバリエーションを加えることもできる。このことは，生理学的にも心理的にも重要である。生理学的には，トレーニングにバリエーションを持たせることで，身体に与えるストレスを高く保つことができる。身体は，同じストレスには徐々に適応するものである。身体にストレスを与え続けるために，変化をつけ，ストレスレベルを適切に保たなければならない。そのための1つの方法が，トレーニングプログラムにバリエーションを加えることである。エクササイズに頻繁にバリエーションを持たせることで，身体が変化するストレスに適応しなければならなくなるのである。

結　論

　ダンベルを使ったトレーニングをプログラムに組み込むことは，いくつもの利点がある。そのうちのいくつかは，実際的なもの（コスト，スペースの有効活用など）であり，他のいくつかは，生理学的なものと心理的なものである。結論として，すべての利点を考えた場合，アスリートにもフィットネス愛好家にも，トレーニングプログラムにダンベルを導入すべきであることは，疑いの余地がない。

第2章

プログラムデザイン

　レジスタンストレーニングを行う時に，効果的なプログラムを作成することは，適切な結果を得るために重要なことである。適切なテクニックで，高強度のトレーニングを行っても，しっかりとデザインされたプログラムにしたがっていなければ，十分な結果を出すことはできない。プログラムをきちんとデザインして作成するためには，熟考しなければならない多くの要素や変数があるため，なかなか骨が折れる。しかし，いくつかの点に配慮し，計画性を持たせることで，プログラムを管理するプロセスを簡略化することができる。

トレーニングフィロソフィーを決定する

　様々な考え方があるが，プログラムデザインにおいて最も重要な段階は，トレーニングフィロソフィー（トレーニングについての基本理念）の決定である。例えば，エリートアスリートのトレーニングゴール（目標・目的）は，週末だけ運動する人や体脂肪の減少を目的としている人とは，全く異なる。どのようなアプローチがフィロソフィーに最も適しているのかを決めなければならない。また，このフィロソフィーは，エビデンス（科学的根拠）に基づくものでなければならない。著者の場合，レジスタンストレーニングにおけるフィロソフィーは，爆発的動作をトレーニングし，競技力を向上させるというものである。そのため，全身の主要な筋群をトレーニングできる，スナッチ，クリーン，ジャークといった，オリンピックリフティングを強調したプログラムを作成することになる。従来のバーベルトレーニングに加えて，第1章で示したような利点を生かすため，様々なダンベルトレーニングを組み合わせている。著者は30年ほどのS&Cコーチとしてのキャリアがあるが，毎年トレーニングの内容について調整し続けている。自身が信じるアプローチに行き着いてから，それを徹底し，そこから得られる結果をさらに改善し続けている。もちろん，競技パフォーマンスの向上以外の目標を

持つクライアントに対しては，異なるアプローチで対応しなくてはならない。これについては後の章で述べることにする。

科学と経験に基づいたトレーニングプログラム

　信じるべきフィロソフィーは，科学と実践的な経験に基づいたものでなければならない。奇妙に聞こえるかもしれないが，ストレングス＆コンディショニングについての科学的側面では，誰のアプローチが正しく，誰のアプローチが正しくないか，はっきりいえる段階まで至っていない。その証拠に，あるスポーツについて，5人のストレングス＆コンディショニングコーチ，または5人のパーソナルトレーナーがトレーニングプログラムを作成した場合，5者5様のプログラムとなるだろう。多くの点で類似したものになるだろうが，同一のものとはならないはずである。

　「プログラムは科学であり，芸術である」といわれるように，このことは非常に興味深いことである。「芸術」というのは，競技パフォーマンスを高めるためにどのようなアプローチを用いるか，創造性を問われるためである。そのように創造性を許す余地があるが，トレーニングプログラムの大部分は科学に基づくべきである。多くの科学的文献が，効果的なプログラムのための確固たるガイドラインを提供している。また，こういった文献からの情報を熟知することで，作成したプログラムが科学的であることに自信を持つことができる。

　提供するプログラムが科学に基づいたものになるように，運動科学分野の雑誌や書籍を定期的に購読しなければならない。専門的でないウェブサイトや一般的な雑誌などからの情報は，科学的なエビデンスであるとはいえない。

ピリオダイゼーション

　ピリオダイゼーションは，トレーニング計画を，特異的な生理学的適応をターゲットとしたいくつかのサイクルに期分けする方法である。ピリオダイゼーションは，アスリートのトレーニングプログラムにはごく当たり前に使われているが，一般の人にとっても有効な方法であるといえる。ピリオダイゼーションについて

取り上げると，1冊のテキストができあがってしまうので，以下に簡単なレビューを示すことにする。様々なアプローチがあるが，パワー系のスポーツでよく用いられる典型的なピリオダイゼーションは，以下のようなトレーニングサイクルの配列で構成される。

1. **導入期**：低ボリューム（量），低強度でトレーニングすることで，その後のサイクルの準備をする。

2. **筋肥大期**：高ボリューム，中強度でトレーニングすることで，筋のサイズを大きくし，筋持久力を高める。筋のサイズと筋力には相関関係があるため，筋を大きくすることは重要な要素である。

3. **筋力期**：中ボリューム，高強度でトレーニングすることで，最大筋力を高める。筋力とパワーには相関関係があるため，次のパワー期のための準備となる。

4. **パワー期**：低ボリューム，高強度でトレーニングすることで，ターゲットを筋力からパワーに移行する。

5. **インシーズン**：低ボリューム，低強度でトレーニングすることで，筋のサイズ，筋力，パワーを維持する。

パワーと持久力の両方を必要とするスポーツ（サッカーなど）のためのピリオダイゼーションは，典型的なアプローチとは若干異なる。例えば，パワーのためのサイクルの後に，高ボリューム，中強度で，パワーを向上させるため爆発的な動作を重視しつつ，持久力を高めるサイクルを付け加える。シーズン中は，筋のサイズ，筋力，パワー，持久力を維持するために，低ボリューム，高強度でトレーニングを行う。

知ってる？

ピリオダイゼーションは，アスリートのトレーニングプログラムではよく使用される方法で，試合に合わせてピークパフォーマンスへ導くことを目的に，特定の生理学的適応を得るためのトレーニングサイクルを配列するものである。しかしピリオダイゼーションは，フィットネスや減量といった他の目的のプログラムを作成する場合にも効果的である。このような例については，第8章と第9章で示す。

1. **導入期**：低ボリューム，低強度でトレーニングすることで，その後のサイクルの準備をする。

2. **筋肥大期**：高ボリューム，中強度でトレーニングすることで，筋のサイズを大きくし，筋持久力を高める。筋のサイズと筋力には相関関係があるため，筋を大きくすることは重要な要素である。

3. **筋力期**：中ボリューム，高強度でトレーニングすることで，最大筋力を高める。筋力とパワーには相関関係があるため，次のパワー期のための準備となる。

4. **パワー期**：低ボリューム，高強度でトレーニングすることで，ターゲットを筋力からパワーに移行する。

5. **パワー持久力期**：高ボリューム，中強度でトレーニングし，パワーを向上させるために爆発的動作を重視しつつ，同時に持久力を高める。

6. **インシーズン**：低ボリューム，低強度でトレーニングすることで，筋のサイズ，筋力，パワーを維持する。

　トレーニングの目的，年齢，トレーニングについての経験，生理学的ニーズなどによって，どのようなサイクルを使うか，またサイクルの配列や長さが様々なものになる。それぞれのサイクルで，生理的な適応を起こさせるため，レスト（休憩）の長さ，強度，エクササイズの選択，エクササイズの順序，セット数やレップ数，頻度などの変数を注意深く操作する必要がある。以下，これらのトレーニング変数について議論する。

((レスト

　セット間やエクササイズ間のレストの長さは，トレーニングによって起こる適応に大きな影響を及ぼす。レストの長さは，トレーニングの負荷によって決まるところが大きい。負荷が大きければ，レストを長くする必要がある。レストの長さは，以下に示すように，トレーニングの目的に基づいて設定する。

トレーニングの目的：レストの時間

　筋力：2 〜 5 分

　パワー：2 〜 6 分

　筋肥大：30 〜 90 秒

　筋持久力：60 秒以下

（（ 強　度

　トレーニングの強度，もしくは挙上重量は，トレーニングの目的によって決める。筋肥大が目的である場合，高レップ（8 〜 12 レップ）で行う。つまり，トレーニングの強度は，決められたレップ数をこなすため，低いものとなる。それに対して，筋力向上が目的である場合，より低レップ（1 〜 6 レップ）で行うため，強度は高くなる。トレーニングの強度は，1 RM の何パーセントというかたちで示されることが多い。トレーニングの強度についてのガイドラインを表 2.1 に示す。

（（ エクササイズの選択

　レジスタンストレーニングには様々なエクササイズを用いることができるが，目的を達成するために最適なものを選択することが重要である。年齢や成熟度，トレーニング経験，ケガの状態，トレーニングゴール，利用可能な機器を考慮して，エクササイズを選択しなければならない。

表 2.1　トレーニング強度のガイドライン

トレーニングゴール		負荷（% 1 RM）	目標レップ数
筋　力		≧ 85	≦ 6
パワー	単発運動	80 〜 90	1 〜 2
	連続運動	75 〜 85	3 〜 5
筋肥大		67 〜 85	6 〜 12
筋持久力		≦ 67	≧ 12

J.M. Sheppard and N.T. Triplett, "Program Design for Resistance Training," in Essentials of Strength Training and Conditioning, 4th ed., edited for the National Strength and Conditioning Association by G.G. Haff and N.T. Triplett (Champaign, IL: Human Kinetics, 2016), 458 より許可を得て転載。

年　齢

　年齢の若い人は，筋力を向上させエクササイズテクニックを高めるために，シンプルなエクササイズから始めるべきだろう。マシンを使用しようと考えるかもしれないが，子どもなどは，身体が小さすぎると，マシンを扱うことができない。またバーベルも，子どもにはバーが重過ぎるため，正しいテクニックでエクササイズを行うことができない。この場合，ダンベルは非常に優れたトレーニング器具だといえる。身体の大きさに合っているかどうかの心配をする必要がなく，重量についても，最も軽量なものは 2.3 kg 以下である。

　ダンベルトレーニングは，高齢者にとっても適切なものである。高齢者の身体の大きさであればマシンを使用できるが，安全にエクササイズを行うためにもっと軽量でトレーニングした方が適切かもしれない。こうした場合にも，ダンベルトレーニングを活用する。何度も繰り返しになるが，ダンベルは安全で効果的な器具である。

トレーニングについての経験

　レジスタンストレーニングについての経験が少ない，もしくは全くない人は，シンプルなエクササイズから始めるべきである。徐々に経験を積んで，よりテクニックを要するエクササイズに移行し，重量を加えていくとよい。より上級のエクササイズでは，より多くの筋群や関節をトレーニングすることになり，場合によっては全身を使う。正しくエクササイズを行わないと，ケガの原因にもなりかねない。

ケガの状態

　エクササイズの選択にあたっては，ケガの状態についても考慮する。ケガをしている時は，患部に直接的に影響するエクササイズを避けるべきある。ケガの度合いによっても，選択するエクササイズを変える必要がある。

トレーニングの目的

　トレーニングの目的によって，エクササイズが選択される。一般的なフィットネスのためにトレーニングをする場合，マシンエクササイズを中心とするだろう

し，ボディビルダーはアームカールなどの単関節エクササイズを選択するだろう。また，競技アスリートは，走る，跳ぶ，投げるといったスポーツ動作の中でのパワーが成功のカギとなるので，スタンディングポジションでフリーウエイトを使った多関節エクササイズを選択することになる。

利用可能な機器

利用可能な機器によっても，エクササイズが選択される。実際に，トレーニングを行う施設にどのような機器が配置されているかによって，エクササイズが決定される。

((　エクササイズの順序

例外はあるが，エクササイズの順序を決定する際のガイドラインは以下のように示すことができる。

- 比較的低速な動作（スクワットなど）の前に，多関節の爆発的な動作（パワークリーンなど）を行う。多関節の爆発的な動作は，エネルギーと高いレベルのテクニックを必要とするので，疲労が蓄積する前に行わなければならない。
- 大筋群を動員する多関節エクササイズ（デッドリフトなど）を，小筋群を動員する単関節エクササイズ（レッグエクステンションなど）の前に行う。大筋群をターゲットとするエクササイズは，小筋群をターゲットとするエクササイズより多くのエネルギーと高いレベルのテクニックを必要とする。
- 小筋群を動員する単関節エクササイズ（トライセプスエクステンションなど）は最後に行う。こういったエクササイズは，エネルギーやテクニックをそれほど必要としない。

((　セット数

レジスタンストレーニングについての経験が浅い，もしくはない人は，1セットだけのプログラムでも筋力が向上する。しかしそのような人でも，トレーニングを継続していくようになったら，多セットのプログラムを行うことで，より筋力を向上させることができる。多セットは，筋力やパワーを最大限に向上させる

ために有効な方法である。しかし，3セットより多く行っても，効果はそれほど大きくならない。4〜6セットを行った場合の筋力の向上は，3セットの場合とそれほど変わらない。一方で競技者の場合は，3セット以上行うことで効果を得ることができる。筋力やパワーを十分にトレーニングしたアスリート（ウエイトリフターやパワーリフターなど）は4セット以上のエクササイズを行う。

((レップ数

レップ数は，トレーニングの強度やトレーニングで使われるエネルギー機構に直接的に影響を及ぼす。レップ数を減らせば，トレーニングの強度を高くすることができる。結果として，パワー（通常1〜5レップ）や筋力（通常6レップ以下）を目的とする場合，高強度でトレーニングするために低レップの設定となる。一方，レップ数を増やせば，筋肥大（通常6〜12レップ）や筋持久力（通常12レップ以上）を目的とするトレーニングとなる。

((頻　度

トレーニングの頻度は，個々人のニーズ，サイクルの目標などによって決まる。例えばアメリカンフットボールのオフェンスラインなどは，オフシーズンには週4〜5回のレジスタンストレーニングを行うことになる。一方，一般的なフィットネスを目的とする場合，フットボール選手のような筋力を必要としないので，週2回のレジスタンストレーニングを行う。シーズンに入り，トレーニングの目的が筋力やパワーを維持することに移行すれば，オフェンスラインのトレーニング頻度は週2回となる。

プログラム例

トレーニングプログラムを段階的に作成していくプロセスを，大学サッカーを例に紹介していく。減量など，スポーツパフォーマンス以外を目的としたプログラムについての情報は，後の章で紹介する。米国では，大学サッカーは秋にシーズンが始まる。そのため，8月初旬に練習が始まり，11月までシーズンが続くが，プレーオフまで進めば12月までチームは稼動する。

　シーズンの期間についての情報は非常に重要である。まず，オフシーズンのトレーニングがいつから始まるのか示される。一般的にアスリートには，身体的・心理的回復を促すため，シーズン終了後 2 週間の休息を与えることが勧められる。大学生の場合，期末試験や冬休みの期間には，強制的にトレーニングをさせることが困難である。そのため，試験や休暇が終わる 1 月からオフシーズンのトレーニングを始めた方が賢明である。8 月に入り，サッカーの練習が始まると，オフシーズンの期間が終わったことになる。オフシーズンの始まりと終わりを明確にすることで，何週間のオフシーズントレーニングを行うことができるかがわかる。大学の行事予定を確認し，春休みの期間を把握すると，28 週間のオフシーズントレーニングを行うことができることになる。

((エネルギー機構

　次に決定すべき変数は，競技中に使われるエネルギー機構である。サッカーは，ゴールキーパーを除き，持久力とパワーを必要とする競技である。主にパワーを必要とする円盤投げや，主に持久力を必要とするマラソンなどとは異なるエネルギー機構が利用される。年齢，競技レベル，ポジションなどにもよるが，通常のサッカーの試合では 1.8 〜 10 km の距離を走ることが，研究で示されている（Wang 1995）。試合の展開により若干の中断はあるものの，高いレベルの持久力が必要とされる。

　しかし試合では，低速度で継続的に走るというよりも，ジョグやウォークからのスプリントを繰り返すことになる。このため，パワーの要素が重要である。勝敗を左右するプレーでは，スピードとパワーを伴ったパフォーマンスが必要とされるのである。

((トレーニングサイクルの配列

　大学サッカーの場合，それぞれの試合がどれも重要である（陸上や水泳では，ボールスポーツと異なり，特定の試合にピークを合わせる）。したがって，サッカー選手の場合，持久力やパワーのピークを開幕戦の前に合わせ，シーズンを通してその状態を維持することが重要である。こういった目的のために，28 週間のオフシーズントレーニングの期間で，持久力やパワーを向上させるサイクルをデザ

インしなければならない。

　インシーズンのプログラムが終了した後，数週間は，休息のためにチーム単位でのレジスタンストレーニングを行わない。そのため，次のオフシーズントレーニングが始まる際には，ディトレーニング（detraining:トレーニング習慣があった人がトレーニングをやめてしまうことで，体力が低下してしまうこと）の状態になっているので，筋肉痛を極力抑えるため，低ボリューム，低強度の導入期のプログラムから始める。オフシーズントレーニングは，導入期から始め，持久力・パワー期で終了する。

　トレーニングの目的がパワーの向上である場合，筋力とパワーに有意な相関関係があることから，筋力を先に向上させた方がよりよい結果を得ることができる。筋力を向上させるためには，筋のサイズと筋力に有意な相関関係があることから，筋肥大を先に行うと効果的である。導入期の後に筋肥大期を配置し，筋肥大が起こったら筋力を向上させるために，ここに筋力期を配置する。それから，パフォーマンスを発揮するために，パワーに焦点を当てる。パワーが向上した後に，持久力とパワーのためのサイクルを置く。各サイクルの配列と期間を以下に示す。

　導入期：4週
　筋肥大期：6週
　筋力期：6週
　パワー期：6週
　持久力・パワー期：6週

((プランの改善

　前に示したプランは，28週のオフシーズントレーニングを活用し，持久力とパワーを向上させるという目標を達成するためのものである。しかしこのプランは，いくつかの要素について改善の余地がある。まず，トレーニングの目的は，身体にストレスを与え続けることである。身体は，適応することによって，できるだけ早くストレスを最小限にしようと機能する。つまり，トレーニングサイクルを短くすれば，身体はより頻繁にプロトコルに対する調整をしなければならなくなり，常にストレスがかかり続ける状態になる。この方法の優位な点は，身体

がストレスに対して適応を続けようとすることである。

　サイクルを配列していくうえでもう 1 つ問題なのは，（導入期を除いて）それぞれのサイクルが 6 週間に及ぶことである。いずれのサイクルも一律 6 週の期間に設定されているが，サッカーのパフォーマンスを獲得するために，筋肥大，筋力など，いずれの生理的適応もすべて同様に重要であるのか疑問である。著者は，スポーツによってそれぞれの重要度が異なると考える。例えば，サッカー選手にとって，筋肥大は持久力やパワーの向上ほど必要なことなのだろうか。筋が肥大すれば，筋力の向上も見込めることは，前述の通りである。しかし，サッカー選手には，持久力やパワーにより注力してほしいと考える。

　以上の 2 点から，パフォーマンスに影響を及ぼすサイクルを強調しようと考え，以下のように修正する。

　導入期：1 週

　筋肥大期：3 週

　筋力期 1：3 週

　筋力期 2：3 週

　パワー期：4 週

　筋肥大期（繰り返し）：3 週

　筋力期 2（繰り返し）：3 週

　持久力・パワー期 1：4 週

　持久力・パワー期 2：4 週

(((プログラム例

　この修正されたサイクルの配列は，トレーニングプロトコルに変化を持たせ，身体へのストレスを高く保ち，持久力とパワーの向上に最大の重点を置いている。それぞれのサイクルの期間と配列が決まったところで，各サイクルのトレーニングの変数を操作することにする。最初に，導入期である。ここで紹介するプログラムはあくまでも著者のフィロソフィーに基づくものであり，他にも使用可能な様々な効果的技術があることを補足しておく。

導入期

期　間　1週間。

ゴール　レジスタンストレーニングの再導入とエクササイズテクニックの見直し。

強　度　負荷を増やす前に，正しいフォームですべてのレップを行える強度。

ペース　全身エクササイズは，可能な限り爆発的に行う。他のエクササイズは，上昇局面を爆発的に，下降局面をコントロールして行う。

レスト　すべてのセット間，エクササイズ間で2分。

セット数とレップ数

週	導入期
1	TB = 3 × 6 CL = 3 × 8

3 × 6は，3セット，6レップの意。

火曜日	木曜日
全　身	
パワークリーン（TB）	プッシュプレス（TB）
下半身	
スクワット（CL）	ランジ（CL）
レッグカール（CL）	ラテラルスクワット（CL）
体幹部	
クランチ　3 × 12	サイドベンド　3 × 12
バックエクステンション　3 × 12	ストレートレッグ・デッドリフト　3 × 12
上半身	
ベンチプレス（CL）	インクラインプレス（CL）
ロー（CL）	アップライト・ロー（CL）

略語の説明

TB（total body）：全身エクササイズ：主にオリンピックリフティングとその派生エクササイズを表わす。

CL（core lift）：コアリフト：スクワットなどの主要な多関節エクササイズを表わす。

TL（timed lift）：タイムドリフト：決められた時間内に設定されたレップ数を完了させる方法。

AL（auxiliary lift）：補助種目としての単関節エクササイズを表わす。

WT（weighted）：ウエイトを用いてエクササイズを行うようにという指示。

MB（medicine ball）：メディスンボールを用いてエクササイズを行うようにという指示。

※ダンベルトレーニングにおいて，エクササイズを床からスタートするということは，バーベルにプレートをつけた場合の高さから始めることを意味する。つまり，ダンベルが脛の中間部に位置するところがスタートポジションとなる。

　導入期では，レジスタンストレーニングの課題を再確認する。各セットのレップ数が，強度を決定する。全レップを正しいフォームで行えるように負荷を設定することになるので，中強度を選択することになる。後に続くサイクルでは，1セット目を基準に，負荷が決定される。つまり，1セット目のレップ数をすべてこなせる重量を選択するため，正しく負荷設定されていれば，2セット目以降，すべてのレップをこなすことはできないはずである。導入期での挙上のペース（動作スピード）は比較的低速度であり，セット間・エクササイズ間のレストは長くなる。

　エクササイズの種目は，どの筋群をトレーニングするかということより，どういった動作をトレーニングするかということによって選択すべきである。筋力やパワーは，エクササイズを行う際の動作に特異的に適応するように向上する。競技にできるだけ似た動作でトレーニングすることで，競技パフォーマンスにより多くの効果が移行される。著者の場合，サッカー選手には，単純に筋力を向上させるというよりも，競技力を高めるようなトレーニングプログラムを提供している。そのために，ダンベルトレーニングを活用する。ダンベルトレーニングでは，マシンやバーベルを使用する場合よりも，バランスやボディコントロールを必要とする。ゴールは，あくまで，ウエイトルームで筋力を見せつけることではなく，競技パフォーマンスを向上させることである。

　エクササイズの選択は，一般的なものから特異的なものへと移行していくべきである。オフシーズンが進むにつれ，行うエクササイズは，試合中に行う動作特有のものに移行していく。例えば導入期では，筋力の向上をはかり正しい動作パターンを教えるために，プッシュプレスなどの基本的なオリンピックリフティングを行うことは合理的である。しかしオフシーズンが進み，練習開始前の持久力と

知ってる？

　レジスタンストレーニングのプログラムを作成する際に最も起こしがちな間違いは，1回のワークアウトに多くのエクササイズを組み込もうとすることである。一般的に，レジスタンストレーニングのプログラムには，6〜8のエクササイズを組み込む。スクワットなどの多関節エクササイズを中心にプログラムを展開することが重要である。そうすることで，多くの筋を同時にトレーニングすることができ，ワークアウトの効率化を計ることができる。

パワー向上のサイクルでは，スプリット・オルタネイティングフット・オルタネイティングアーム・ジャークなどのエクササイズを行い，コーディネーションやバランスを養いつつ，パワーを向上していくことになる。

エクササイズの順序については，2つの理由から，常にオリンピックリフティングを最初に行う。第1に，これらのエクササイズは高速で行う。疲労した状態で行うと，トレーニングスピードが損なわれてしまう。第2に，これらのエクササイズは，複雑な動作パターンを伴う。疲労度が上がれば，複雑な動作パターンを行う能力が低下してしまう。オリンピックリフティングの次に，大筋群をトレーニングすべきである。下半身のエクササイズは，どのワークアウトでも行われる。下半身のエクササイズは多くのエネルギーを要するので，エネルギーレベルが高いうちにトレーニングした方がよい。したがって，オリンピックリフティングに続いて行うべきである。

下半身のエクササイズの後，体幹部のエクササイズを行う。通常，体幹部のエクササイズは，ワークアウトの最後に行うことが多い。体幹部の筋力は，競技パフォーマンスにおいて非常に重要である。しかし著者の経験では，体幹部のエクササイズを最後にしてしまうと，十分な強度でトレーニングすることができない。ワークアウトの中間部に体幹のエクササイズを配置することで，高い強度でのトレーニングが可能になる。

胸や肩などの筋を，エネルギーレベルが下がってきているワークアウトの最後に行う。これらの部位のエクササイズは，疲労した状態であっても，ある程度安全に行うことができる。導入期が終わると，筋肥大期が始まる。

筋のサイズを大きくするために，いくつかの変数を操作する必要がある。まず，レップ数を増やさなければならない。次に，レストを短くする。筋の成長に必要なテストステロンや成長ホルモンを増やすために，このような変数の操作が必要となる。週ごとにレップ数を変化させていることに注目してほしい。例えば，1週目と3週目に，コアリフト（主要なエクササイズ）は3セット，12レップ（3×12と表記）を行うが，2週目には，3セット，10レップを行う。レップ数によって重量が決まるので，週によって重量を変化させることで，強度を変化させている。また，筋肥大を効果的に起こすため，トレーニングプロトコルにスーパーセットを組み込んでいる。

筋肥大期

期　間　3 週間。

ゴール　筋のサイズを大きくする（筋のサイズは筋力と相関関係があるため）。

強　度　負荷を増やす前に，正しいフォームですべてのレップを行える強度。

ペース　全身エクササイズは，可能な限り爆発的に行う。他のエクササイズは，上昇局面を爆発的に，下降局面をコントロールして行う。

レスト　全身エクササイズの間で 1 分 30 秒，その他のエクササイズのセット間，エクササイズ間で 1 分 15 秒。

セット数とレップ数

週	筋肥大期
1	TB = 3 × 6 CL = 3 × 12
2	TB = 3 × 4 CL = 3 × 10
3	TB = 3 × 6 CL = 3 × 12

火曜日	木曜日
全　身	
パワークリーン/スクワット（TB）	フロントスクワット/プッシュプレス（TB）
下半身	
ランジ（CL）	フロントスクワット（CL）
スーパーセット[a]：サイドランジとレッグカール（CL）	スーパーセット：スモウ・デッドリフトとリバースランジ（CL）
スタビライゼーション[b] 1 × 60 秒（各脚）	
体幹部	
WT V アップ 3 × 25	ツイストクランチ 3 × 25
上半身	
スーパーセット：ベンチプレス（CL）とインクラインプレス（CL）	スーパーセット：リバース・ワイドグリップ・ベンチプレス（CL）とバリープレス（CL）
スーパーセット：ロー（CL）とアップライト・ロー（CL）	スーパーセット：ロー（CL）とアップライト・ロー（CL）

[a] スーパーセット：2 つのエクササイズをレストなく繰り返す。

[b] スタビライゼーションエクササイズ：片脚立ちで目を閉じる。パートナーが押したり引いたりしてバランスを崩そうとするので，ホップしながらバランスを取り戻す。60 秒間，パートナーが回す，押す，引くといったことを繰り返すので，次に触れられるまでにできるだけ早くバランスを戻す。このエクササイズは，プログラム内で様々なかたちで用いることができる。

　筋肥大期の後に，2つの筋力期が連続することになる。このサイクルからプライオメトリックエクササイズを導入する。プライオメトリックエクササイズでは，筋が伸長する動き（伸張性収縮：eccentric contraction）の後，ただちに筋が短縮する動き（短縮性収縮：concentric contraction）が起こり，パワーが増強される。例えば，ボックスから飛び下り，ハーフスクワットのポジションをとった後，すぐにできるだけ高く速く跳び上がる動作などがある。プライオメトリックエクササイズにより，効果的にパワーを増強することができる。

筋力期 1

期　間 3週間。
ゴール 筋力を向上させる（筋力はパワーと相関関係があるため）。
強　度 負荷を増やす前に，正しいフォームで1セット目のレップを行える強度。
ペース 全身エクササイズは，可能な限り爆発的に行う。他のエクササイズは，上昇局面を爆発的に，下降局面をコントロールして行う。
レスト すべてのセット間，エクササイズ間で2分。

セット数とレップ数

週	筋力期 1
1	TB = 3 × 4 CL = 3 × 6
2	TB = 3 × 2 CL = 3 × 4
3	TB = 3 × 4 CL = 3 × 6

火曜日	木曜日
コンプレックス*	
パワークリーン（TB）	スプリット・オルタネイティングフット・ジャーク（TB）
ピラミッド・ボックスジャンプ[a] 3 × 3	ピラミッド・ラテラルボックスジャンプ 3 × 3
下半身	
ゴブレットスクワット（CL）	ランジ（CL）
ストレートレッグ・デッドリフト（CL）	サイドランジ（CL）
体幹部	
MB デクライン・トランクスロー[b] 3 × 12	MB デクライン・ツイスト 3 × 12
スタビライゼーション 1×60 秒（各脚）	
胸部・上半身	
ベンチプレス（CL）	シーテッド・ロー（CL）

*コンプレックスエクササイズ：レジスタンストレーニング（クリーンなど）を行った直後に，レストをとらず，プライオメトリックエクササイズを行う。終了したら，次のセットの前に，設定された長さのレストをとる。
[a] ピラミッド・ボックスジャンプ：3段階の高さのボックスを順番にジャンプするプライオメトリックエクササイズ。
[b] MB デクライン・トランクスロー：デクラインベンチで，パートナーが投げたメディスンボールをトスし返しながらシットアップを行う。

筋力期 2

期　間　3 週間。

ゴール　筋力を向上させる（筋力はパワーと相関関係が
　　　　　あるため）。

強　度　負荷を増やす前に，正しいフォームで 1 セット
　　　　　目のレップを行える強度。

ペース　全身エクササイズは，可能な限り爆発的に行う。
　　　　　他のエクササイズは，上昇局面を爆発的に，下
　　　　　降局面をコントロールして行う。

レスト　すべてのセット間，エクササイズ間で 2 分。

セット数とレップ数

週	筋力期 2
1	TB = 3 × 3 CL = 3 × 4 AL = 3 × 5
2	TB = 3 × 2 CL = 3 × 2 AL = 3 × 5
3	TB = 3 × 3 CL = 3 × 4 AL = 3 × 5

火曜日	木曜日
コンプレックス	
スプリット・オルタネイティングフット・スナッチ（TB）	ハングクリーン（TB）
ピラミッド・ボックスジャンプ 3 × 3	ピラミッド・ラテラルボックスジャンプ 3 × 3
下半身	
シングルレッグ・フロントスクワット（CL）	ランジ（CL）
ルーマニアンデッドリフト（CL）	レッグカール（AL）
スタビライゼーション 1 × 60 秒（各脚）	
体幹部	
ツイスティング・クランチ 3 × 12	アブホイール 3 × 12
胸部・上半身	
ベンチプレス（CL）	ロー（CL）

　これら2つの筋力期では，パワー期に入る前に筋力の強化を最大にする。トレーニングの目的を筋肥大から筋力に移行するため，レップ数を少なくする。この操作によって，高強度でのトレーニングを可能にする。このサイクルで，プライオメトリックのドリルを導入することで，スピード，クイックネス，アジリティといった要素も高めることができる。筋力期では，プライオメトリックのドリルをレジスタンストレーニングの前に行うことで，高強度で質の高いトレーニングを行うことができる。

　筋力期1では，プライオメトリックトレーニングをコンプレックス法によって行う。つまり，レジスタンストレーニングの直後に，休息なしでプライオメトリックエクササイズを行う。サッカーの試合では，疲労した状態でプレーをすることになるが，ここぞという場面では爆発的な動作を行う必要がある。コンプレックストレーニングは，疲労している状態で爆発的に動くことを模倣している。

　パワー期に行う主要な変数の操作は，パーセンテージを設定することと，タイムドエクササイズを導入することである。パワーとは，スピードと筋力を掛け合わせたものであり，一定の時間内にワークを行うことである。そのことから，週の最初にスピードを重視したワークアウトを行い，2回目で筋力を重視したワークアウトを行う。

　全身のエクササイズにパーセンテージ設定をすることで，動作を高速で行うことができる。最大パワーは，1 RMの30％で発揮することができるとされている。パワー期では，動作スピードを速くするため，パーセンテージが徐々に低く設定されている。タイムドエクササイズの際には，設定された時間内にエクササイズを終了させなければならない。正しいフォームを維持したうえで，時間内に設定されたレップ数を行える最大の重量を扱う。パワー期では，いかに高重量を挙上するかということから，いかに速く挙上動作を行うことができるかということに重点が移行する。

　パワー期の後，筋肥大期と筋力期2を繰り返すことになる。これによって，オフシーズントレーニングの最終局面である持久力・パワー期の前に，さらに筋のサイズを大きくし，筋力を向上させることができる。

　試合期に入る前に，著者は2つの持久力・パワー期を置いている。サッカーで使われるエネルギー機構は，持久力とパワーを組みわせたものである。持久力

を高めるためにレップ数を増やし，セット間，エクササイズ間の休息時間を短く
しなければならない。引き続き，パワーの向上を重視しておかなければならない
ので，タイムドエクササイズを継続し，RFD（rate of force development：短
い時間で力をできるだけ大きく立ち上げる能力。爆発的筋力）を高める。

　エクササイズは，サッカーの試合で起こりうる動作を模倣するようにする。2
つ目の持久力・パワー期の最後に，身体的準備がピークを迎えているように調整
する。サッカーの練習が始まると，ウエイトルームにおける目標は，身体的ピー
クの維持となる。選手は，時間とエネルギーの多くを練習に費やすことになるの
で，エクササイズ数，レップ数を減らす必要がある。

　プライオメトリックトレーニングは除外する。練習や試合で，走る，跳ぶ，切
り返す，止まる，などといった動作を行うことになるからである。毎日の練習，
週 2 回の試合，週 2 回のレジスタンストレーニングに加えて，プライオメトリッ
クトレーニングを行うと，オーバートレーニングを引き起こしかねない。このサ
イクルでは，フィールドでの練習が優先され，その他のトレーニングは二の次と
なる。

パワー期

期　間　4週間。

ゴール　競技パフォーマンスを高めるため，パワーを向上させる。

強　度　負荷を増やす前に，正しいフォームで1セット目のレップを行える強度。

ペース　全身エクササイズは，可能な限り爆発的に行う。タイムドエクササイズは，規定の時間で設定されたレップ数を行えるペースで行う。

レスト　すべてのセット間，エクササイズ間で2分。

セット数とレップ数

週	パワー期
1	TB = 3 × 4 @ 70% TB = 3 × 4 TL = 3 × 8 @ 10秒 CL = 3 × 8
2	TB = 3 × 6 @ 60% TB = 3 × 6 TL = 3 × 10 @ 13秒 CL = 3 × 10
3	TB = 3 × 4 @ 70% TB = 3 × 4 TL = 3 × 8 @ 10秒 CL = 3 × 8
4	TB = 3 × 6 @ 60% TB = 3 × 6 TL = 3 × 10 @ 13秒 CL = 3 × 10

火曜日	木曜日
コンプレックス	
ハングクリーン（TB）	スプリット・オルタネイティングフット・ジャーク（TB）
ピラミッド・ボックスジャンプ 3 × 3	ピラミッド・ラテラルボックスジャンプ 3 × 3
下半身	
スモウ・デッドリフト（TL）	サイドランジ（TL）
体幹部	
デクライン・ツイスティング・クランチ 3 × 12	プレスクランチ 3 × 12
ストレートレッグ・デッドリフト（CL）	バックエクステンション 3 × 10
胸部・上半身	
インクラインプレス（TL）	ワイドグリップ・ロー（CL）

持久力・パワー期 1

期　間　4 週間。

ゴール　競技パフォーマンスを高めるため，パワーを向上させる。

強　度　負荷を増やす前に，正しいフォームで，各セット，すべてのレップを行える強度。

ペース　全身エクササイズは，可能な限り爆発的に行う。タイムドエクササイズは，規定の時間で設定されたレップ数を行えるペースで行う。

レスト　すべてのセット間，エクササイズ間で 1 分30 秒。

セット数とレップ数

週	持久力・パワー期 1
1	TB = 3 × 4 @ 70% TB = 3 × 4 TL = 3 × 8 @ 10 秒
2	TB = 3 × 6 @ 60% TB = 3 × 6 TL = 3 × 10 @ 13 秒
3	TB = 3 × 4 @ 70% TB = 3 × 4 TL = 3 × 8 @ 10 秒
4	TB = 3 × 6 @ 60% TB = 3 × 6 TL = 3 × 10 @ 13 秒

火曜日	木曜日
コンプレックス	
スプリット・オルタネイティングフット・オルタネイティングアーム・スナッチ（TB）	スプリット・オルタネイティングフット・オルタネイティングアーム・ジャーク（TB）
ピラミッド・ボックスジャンプ 3 × 3	ピラミッド・ラテラルボックスジャンプ 3 × 3
下半身	
ランジ（TL）（全レップ）	ジャンプランジ（TL）
ラテラルスクワット（TL）	サイドランジ（TL）
体幹部	
ツイスティング・クランチ 3 × 18	V アップ　3 × 18
スタビライゼーション 1 × 60 秒（各脚）	ストレートレッグ・デッドリフト 3 × 12
胸部・上半身	
インクラインプレス（TL）	ワイドグリップ・ロー（TL）

持久力・パワー期 2

期　間　4 週間。

ゴール　競技パフォーマンスを高めるため，パワーを向上させる。

強　度　負荷を増やす前に，正しいフォームで，各セット，すべてのレップを行える強度。

ペース　全身エクササイズは，可能な限り爆発的に行う。タイムドエクササイズは，規定の時間で設定されたレップ数を行えるペースで行う。

レスト　すべてのセット間，エクササイズ間で 1 分 30 秒。

セット数とレップ数

週	持久力・パワー期 2
1	TB = 3 × 5 @ 60% TB = 3 × 5 TL = 3 × 12 @ 12 秒 CL = 3 × 12
2	TB = 3 × 7 @ 50% TB = 3 × 7 TL = 3 × 15 @ 18 秒 CL = 3 × 15
3	TB = 3 × 5 @ 60% TB = 3 × 5 TL = 3 × 12 @ 12 秒 CL = 3 × 12
4	TB = 3 × 7 @ 50% TB = 3 × 7 TL = 3 × 15 @ 18 秒 CL = 3 × 15

火曜日	木曜日
コンプレックス	
オルタネイティング・パワークリーン（TB）	スプリット・オルタネイティングフット・オルタネイティングアーム・ジャーク（TB）
ピラミッド・ボックスジャンプ 3 × 4	ピラミッド・ラテラルボックスジャンプ 3 × 4
下半身	
シングルレッグ・フロントスクワット（TL）	サイドランジ（TL）
レッグカール（CL）	スタビライゼーション 1 × 60 秒（各脚）
体幹部	
ロシアンツイスト 3 × 20	アブホイール 3 × 20
WT バックエクステンション 3 × 15	ストレートレッグ・デッドリフト 3 × 12
胸部・上半身	
ワイドグリップ・ロー（TL）	ベンチプレス（TL）

試合期

期　間　6 週間。

ゴール　競技パフォーマンスを高めるため，持久力とパワーの向上を維持する。

強　度　負荷を増やす前に，正しいフォームで，各セット，すべてのレップを行える強度。

ペース　全身エクササイズは，可能な限り爆発的に行う。タイムドエクササイズは，規定の時間で設定されたレップ数を行えるペースで行う。

レスト　全身エクササイズの間で 1 分 30 秒，その他のエクササイズのセット間，エクササイズ間で 1 分。

セット数とレップ数

週	持久力・パワー期 1
1	TB = 3 × 4 TB = 3 × 4 TL = 3 × 10 @ 10 秒
2	TB = 3 × 6 TB = 3 × 6 TL = 3 × 7 @ 9 秒
3	TB = 3 × 4 TB = 3 × 4 TL = 3 × 10 @ 10 秒
4	TB = 3 × 6 TB = 3 × 6 TL = 3 × 7 @ 9 秒
5	TB = 3 × 4 TB = 3 × 4 TL = 3 × 10 @ 10 秒
6	TB = 3 × 6 TB = 3 × 6 TL = 3 × 7 @ 9 秒

月曜日	水曜日
全　身	
オルタネイティング・ハングクリーン（TB）	スプリット・オルタネイティングフット・オルタネイティングアーム・ジャーク（TB）
下半身	
スクワット（TL）	サイドランジ（TL）
レッグカール（CL）	
体幹部	
デクライン・ツイスティング・クランチ 3 × 10	デクライン・プレスクランチ 3 × 10
WT ツイスティング・バックエクステンション 3 × 8	
スタビライゼーション 1 × 60 秒（各脚）	
胸部・上半身	
クローズグリップ・インクラインプレス（TL）	ロー（TL）

結　論

　効果的なレジスタンストレーニングのプログラムを作成することは，重要な課題である。ピークパフォーマンスに到達するために，科学的なエビデンスに基づいたストレングス＆コンディショニングのプログラムが必要となる。ゴールが何であれ，どのようなプログラムにも，同じことがいえる。トレーニングプログラムを作成する者は，そのプログラムを行って最高のパフォーマンスを獲得しようとするアスリートに対して，責任を有する。質の高いプログラムを作成することは，時間を要する作業ではあるが，価値があることである。ピークパフォーマンスに到達したいのであれば，効果的なレジスタンストレーニングのプログラムを作成することは，非常に重要な課題である。

　バーベルやマシンで行うエクササイズのほとんどは，ダンベルエクササイズに置き換えることができるので，既存のトレーニングプログラムにダンベルエクササイズを導入することは難しいことではない。むしろ，「どの程度置き換えるか」「どのようなバリエーションでダンベルを使用するか」ということの方が難しい課題である。

　どの程度ダンベルエクササイズに置き換えるかは，いくつかの要素によって決まる。まず，トレーニングの目的は何か。スポーツのためのトレーニングであれば，何の競技か。また，ポジションはどこか。アメリカンフットボールのオフェンスラインであれば，ダンベルではなく，バーベルを使用してトレーニングを継続したいと思うだろう。理由は簡単なことである。ダンベルよりもバーベルの方が，高重量を使用してトレーニングできるからである。例えば，オフェンスラインは 136 kg のベンチプレスを挙上できるとして，同等の重量をダンベルで行おうと思えば，片側 68 kg のものが必要になる。68 kg のダンベルを備えている施設もあるかもしれないが，ダンベルベンチプレスでこの重量を扱うことは一般的には考えにくい。ラインマンほどの高重量を必要としないスポーツ種目や，一般的フィットネス，減量のためにトレーニングするのであれば，多くのエクササイズをダンベルで行うことができるだろう。

　しかし，オフェンスラインがダンベルトレーニングを全く取り入れなくてもよいと言っているのではない。ダンベルには，他のトレーニング様式に比べてユニークで優位な部分がある。そこで，バーベルトレーニングを優先的に行いながら，ダンベル独自の利点も得られる方法で行えばよい。著者がヘッド S&C コーチを務めているコロラド州立大学プエブロ校では，アメリカンフットボールのトレーニングプログラムを作成している。ビッグスキル（オフェンスライン，ディフェンスライン，タイトエンド，ラインバッカー）と呼ばれるポジションは，週3回のワークアウトのうち，2回をバーベル重視，1回をダンベル重視で行って

いる。これらのポジションでは，高いレベルの筋力とパワーが成功のカギとなるため，バーベルトレーニングを中心とし，ダンベルトレーニングをその補助として，プログラムを作成している。

　一方で，スキル（クウォーターバック，ランニングバック，ワイドレシーバー，ディフェンスバック，キッカー）と呼ばれるポジションの選手も週3回のワークアウトを行うが，重点がビッグスキルと逆になる。つまり，週2回のダンベルトレーニングと週1回のバーベルトレーニングでプログラムが構成される。筋力やパワーはカギとなる要素であるが，ムーブメントスキルなども重要である。そのため，バーベルトレーニングを行いつつも，ダンベルトレーニングを重視し，ポジションに必要なコーディネーション，バランス，神経系スキルの向上をはかる。両ポジションとも，パワークリーン，スクワット，ベンチプレスといったエクササイズを週1回はバーベルで，週1回はダンベルで行っている。

　サッカー選手の場合には，概して，ダンベルトレーニングをメインで行っている。サッカーでは，フットボールほどの筋力は要求されない。その代わり，テクニック的な要求が非常に高い。サッカーは，バランス，コーディネーション，アジリティ，神経系スキルを高いレベルで必要とするスポーツであるため，ダンベルトレーニングを中心にすることは非常に意味がある。

　アスリートでは，どのようにプログラムを作成しエクササイズを選択するかということは，種目やポジションだけでなく，ダンベルトレーニングをどのくらいの頻度で行うかということによっても決定される。例えば，ビッグスキルのフットボール選手は，週1回しかダンベルトレーニングを行わないので，毎回必ず全身のエクササイズを行う。ワークアウトの初めにオリンピックリフティングを行い，次に下半身，体幹部，上半身と，ダンベルでエクササイズを行っていく。

知ってる？

　著者は，1990年代初めから，ダンベルエクササイズを幅広く用いてきた。大学レベルやオリンピックレベルのアスリートのトレーニングにダンベルトレーニングを導入し，成功をおさめてきた。様々なエクササイズをダンベルで行うことができ，さらにバーベルでは行うことができないオルタネイティングやシングルアームといったバリエーションを加えることもできる。

週に１回しかダンベルトレーニングを行わないので，下半身と上半身の両方で
そのメリットを十分に得られるようにしたいと考えている。逆に，スキルポジショ
ンの選手は週２回ダンベルトレーニングを行うが，一方の日で下半身に重点を
置き，もう１日で上半身を重視したプログラムを行う（両日とも，オリンピッ
クリフティングからワークアウトを始めることは同じである）。さらに，バーベ
ルトレーニングを行う日は，下半身，上半身の両方のエクササイズを行う。この
方法を用いれば，下半身も上半身も週２回，ダンベルとバーベルの両方を用い
てトレーニングすることができる。筋力レベルについての必要性が若干低いサッ
カー選手の場合，週２回，全身の主要な筋群のエクササイズを行うことになる。

　スポーツパフォーマンス以外を目的としたトレーニングプログラムは，その目
的，利用できる機器，個人の嗜好などによって，どのようなものになるのかが決
定される。自宅でトレーニングする場合には，ダンベルエクササイズは素晴らし
い選択である。低コストで，限られたスペースしか必要とせず，エクササイズの
バリエーションが豊富であるなど，前記した利点から明らかである。こういった
プログラムについては，後の章で紹介する。

　著者はさらに，エクササイズの選択についても，ピリオダイゼーションを用い
ている。オフシーズンの初めには簡単なエクササイズを行い，徐々に複雑な動作
を含むエクササイズを行っていく。このようにすると，試合期が近づくにつれて
神経系スキルに重点が移る。オフシーズンの初めにはダンベル・プッシュプレス
を行い，パワージャーク，スプリット・オルタネイティングアーム・オルタネイ
ティングフット・ジャークへと進捗していく方法が，その例である。このアプロー
チは，一般のフィットネスの場合にも使用できる。またこのアプローチの最大の
利点は，プログラムをマンネリ化させることなく，常にバリエーションを持たせ
ることができるということである。

　既存のプログラムをダンベルによるワークアウトに移行することは，エクササ
イズを置き換えるだけの単純なことではあるが，トレーニングのゴールに基づい
て考えるべきことはたくさんある。トレーニングプログラムのゴールは，トレー
ニング変数（エクササイズの選択，レストの時間，セット数，レップ数など）の
操作に大きな影響を与える。

バーベルを用いたワークアウト例

　最初のワークアウトの例は，主にバーベルでトレーニングを行うソフトボール選手のためのものである。このプログラムの中で最も重要視されるのは筋肥大であり，次に筋力の向上である。トレーニング変数（レストの時間，ペース，強度など）は，トレーニングのゴールによって操作する。例えば，筋肥大を目的とする場合，レストの時間は，筋力向上が目的である場合より短くなる。これは，短いレストが筋のサイズを大きくし，長いレストが筋力向上に効果的であるとされるからである。

　主要なエクササイズでは，ピッチャーは野手よりも多くのレップ数を行うことになる。これは，ピッチャーの方が野手よりも持久力を必要とするからである。つまり，筋持久力に重点を置くために，ピッチャーのプログラムは野手よりもレップ数が多いのである。

筋肥大・筋力期：バーベル

月曜日

期　間　5週間。

ゴール　筋のサイズを大きくする（筋のサイズは筋力と相関関係があるため）。

強　度　筋肥大・筋力：負荷を増やす前に，各セット，すべてのレップを行える強度。

ペース　全身エクササイズは，可能な限り爆発的に行う。

筋肥大・筋力：上昇局面を爆発的に，下降局面をコントロールして行う。

レスト　セット間，エクササイズ間とも2分。

セット数とレップ数

週	筋力：野手*	筋力：ピッチャー*
1	TB = 4 × 4 CL = 3 × 8	TB = 4 × 4 CL = 3 × 9
2	TB = 4 × 2 CL = 3 × 5	TB = 4 × 2 CL = 3 × 7
3	TB = 4 × 4 CL = 3 × 8	TB = 4 × 4 CL = 3 × 9
4	TB = 4 × 2 CL = 3 × 5	TB = 4 × 2 CL = 3 × 7
5	TB = 4 × 2 CL = 3 × 5	TB = 4 × 2 CL = 3 × 5

*筋力：各セットすべてのレップを行う。

	1週目	2週目	3週目	4週目	5週目
全　身					
パワークリーン（TB）	4×4+4×4	4×2+4×2	4×4+4×4	4×2+4×2	4×2
挙上重量					
下半身					
スクワット（CL）	3×8-7-6 + 3×9-8-7	3×5-4-3 + 3×7-6-5	3×8-7-6 + 3×9-8-7	3×5-4-3 + 3×7-6-5	3×5-4-3
挙上重量					
ストレートレッグ・デッドリフト（CL）	3×8-7-6 + 3×9-8-7	3×5-4-3 + 3×7-6-5	3×8-7-6 + 3×9-8-7	3×5-4-3 + 3×7-6-5	3×5-4-3
挙上重量					
上半身					
バリープレス（CL）	3×8-7-6 + 3×9-8-7	3×5-4-3 + 3×7-6-5	3×8-7-6 + 3×9-8-7	3×5-4-3 + 3×7-6-5	3×5-4-3
挙上重量					
体幹部					
ツイスティング・クランチ	3×15	3×15	3×15	3×15	3×12
挙上重量					

略語の説明：TB（total body）：全身エクササイズ，CL（core lift）：コアリフト，AL（auxiliary lift）：単関節エクササイズ。詳細については，第2章，p.18〜22参照。

水曜日

期　間　5週間。

ゴール　筋のサイズを大きくする（筋のサイズは筋力と相関関係があるため）。

強　度　筋肥大・筋力：負荷を増やす前に，各セット，すべてのレップを行える強度。

ペース　全身エクササイズは，可能な限り爆発的に行う。
筋肥大・筋力：上昇局面を爆発的に，下降局面をコントロールして行う。

レスト　セット間，エクササイズ間とも2分。

セット数とレップ数

週	筋力：野手*	筋力：ピッチャー*
1	TB = 4 × 4 CL = 3 × 8	TB = 4 × 4 CL = 3 × 9
2	TB = 4 × 2 CL = 3 × 5	TB = 4 × 2 CL = 3 × 7
3	TB = 4 × 4 CL = 3 × 8	TB = 4 × 4 CL = 3 × 9
4	TB = 4 × 2 CL = 3 × 5	TB = 4 × 2 CL = 3 × 7
5	TB = 4 × 2 CL = 3 × 5	TB = 4 × 2 CL = 3 × 5

*筋力：1セット目はすべてのレップを行う。

	1週目	2週目	3週目	4週目	5週目
全　身					
パワークリーン（TB）	4×4+4×4	4×2+4×2	4×4+4×4	4×2+4×2	4×2
挙上重量					
下半身					
スクワット（CL）	3×8-7-6 + 3×9-8-7	3×5-4-3 + 3×7-6-5	3×8-7-6 + 3×9-8-7	3×5-4-3 + 3×7-6-5	3×5-4-3
挙上重量					
レッグカール（CL）	3×8-7-6 + 3×9-8-7	3×5-4-3 + 3×7-6-5	3×8-7-6 + 3×9-8-7	3×5-4-3 + 3×7-6-5	3×5-4-3
挙上重量					
上半身					
ベンチプレス（CL）	3×8-7-6 + 3×9-8-7	3×5-4-3 + 3×7-6-5	3×8-7-6 + 3×9-8-7	3×5-4-3 + 3×7-6-5	3×5-4-3
挙上重量					
体幹部					
ロシアンツイスト	3 × 15	3 × 15	3 × 15	3 × 15	3 × 12
挙上重量					

金曜日

期　間　5週間。

ゴール　筋のサイズを大きくする（筋のサイズは筋力と相関関係があるため）。

強　度　筋肥大・筋力：負荷を増やす前に，各セット，すべてのレップを行える強度。

ペース　全身エクササイズは，可能な限り爆発的に行う。

　　　　筋肥大・筋力：上昇局面を爆発的に，下降局面をコントロールして行う。

レスト　筋肥大：全身エクササイズのセット間は1分30秒，他のエクササイズのセット間は1分15秒。
筋力：セット間，エクササイズ間とも2分。

セット数とレップ数

週	筋肥大：野手*	筋肥大：ピッチャー*	筋力：野手	筋力：ピッチャー
1	TB = 4 × 5 CL = 3 × 10	TB = 4 × 5 CL = 3 × 12	TB = 4 × 4 CL = 3 × 8	TB = 4 × 4 CL = 3 × 9
2	TB = 4 × 3 CL = 3 × 8	TB = 4 × 3 CL = 3 × 10	TB = 4 × 4 CL = 3 × 8	TB = 4 × 4 CL = 3 × 9
3	TB = 4 × 5 CL = 3 × 10	TB = 4 × 5 CL = 3 × 12	TB = 4 × 4 CL = 3 × 8	TB = 4 × 4 CL = 3 × 9
4	TB = 4 × 3 CL = 3 × 8	TB = 4 × 3 CL = 3 × 10	TB = 4 × 4 CL = 3 × 8	TB = 4 × 4 CL = 3 × 9
5	TB = 4 × 2 CL = 3 × 6	TB = 4 × 2 CL = 3 × 6	TB = 4 × 4 CL = 3 × 8	TB = 4 × 4 CL = 3 × 9

*筋肥大：各セットすべてのレップを行う。

筋肥大*	1週目	2週目	3週目	4週目	5週目
全　身					
パワージャーク（TB）	4 × 5	4 × 3	4 × 5	4 × 3	4 × 2
挙上重量					
胸　部					
インクラインプレス（CL）	3 × 10 + 3 × 12	3 × 8 + 3 × 10	3 × 10 + 3 × 12	3 × 8 + 3 × 10	3 × 6
挙上重量					
ロー（CL）	3 × 10 + 3 × 12	3 × 8 + 3 × 10	3 × 10 + 3 × 12	3 × 8 + 3 × 10	3 × 6
挙上重量					
体幹部					
デクライン・ツイスティング・クランチ	3 × 15 + 3 × 20	3 × 15 + 3 × 20	3 × 15 + 3 × 20	3 × 15 + 3 × 20	3 × 12
挙上重量					

*この表には筋肥大のセット数，レップ数のみを記載している。上の表にあるセット数，レップ数を使って，筋力プログラムに移行する。

ダンベルを用いたワークアウト例

　次の3つのワークアウトは，前述のバーベルを用いるものと目標や変数はほぼ同一である。しかし，エクササイズの多くを，バーベルではなくダンベルで行うように変更されている。

知ってる？

　本書では，多くのダンベルエクササイズを紹介する。それらのエクササイズのうち，ダンベルベンチプレスなど，いくつかのエクササイズは，それほど苦労せずに正しく行うことができるだろう。しかし，ダンベル・スプリット・オルタネイティングフット・オルタネイティングアーム・スナッチなど，複雑な動作のエクササイズは，少し難しいだろう。ダンベルでのトレーニングの経験がそれほどない，もしくはまったくない場合には，筋力や経験によって，基本的なエクササイズから始め，より複雑なエクササイズへと進んでいくとよい。

筋肥大・筋力期：ダンベル

——— 月曜日 ———

期　間　5 週間。

ゴール　筋のサイズを大きくする（筋のサイズは筋力と相関関係があるため）。

強　度　筋肥大・筋力：負荷を増やす前に，各セット，すべてのレップを行える強度。

ペース　全身エクササイズは，可能な限り爆発的に行う。他のエクササイズは，上昇局面を爆発的に，下降局面をコントロールして行う。

レスト　セット間，エクササイズ間とも 2 分。

セット数とレップ数

週	筋力：野手*	筋力：ピッチャー*
1	TB = 4 × 5 CL = 3 × 10	TB = 4 × 5 CL = 3 × 12
2	TB = 4 × 3 CL = 3 × 8	TB = 4 × 3 CL = 3 × 10
3	TB = 4 × 5 CL = 3 × 10	TB = 4 × 5 CL = 3 × 12
4	TB = 4 × 3 CL = 3 × 8	TB = 4 × 3 CL = 3 × 10
5	TB = 4 × 2 CL = 3 × 6	TB = 4 × 2 CL = 3 × 6

*筋力：各セットすべてのレップを行う。

	1 週目	2 週目	3 週目	4 週目	5 週目
全　身					
ハングクリーン（TB）	4 × 5	4 × 3	4 × 5	4 × 3	4 × 2
挙上重量					
下半身					
ゴブレットスクワット（CL）	3 × 10 + 3 × 12	3 × 8 + 3 × 10	3 × 10 + 3 × 12	3 × 8 + 3 × 10	3 × 6
挙上重量					
ラテラルスクワット（CL）	3 × 10 + 3 × 12	3 × 8 + 3 × 10	3 × 10 + 3 × 12	3 × 8 + 3 × 10	3 × 6
挙上重量					
体幹部					
オルタネイティング・トウタッチ	3 × 15 + 3 × 20	3 × 15 + 3 × 20	3 × 15 + 3 × 20	3 × 15 + 3 × 20	3 × 12
挙上重量					
上背部					
ロー（CL）	3 × 10 + 3 × 12	3 × 8 + 3 × 10	3 × 10 + 3 × 12	3 × 8 + 3 × 10	3 × 6
挙上重量					

水曜日

期　間 5週間。

ゴール 筋のサイズを大きくする（筋のサイズは筋力と相関関係があるため）。

強　度 筋肥大・筋力：負荷を増やす前に，各セット，すべてのレップを行える強度。

ペース 全身エクササイズは，可能な限り爆発的に行う。
筋肥大・筋力：上昇局面を爆発的に，下降局面をコントロールして行う。

レスト セット間，エクササイズ間とも2分。

セット数とレップ数

週	筋力：野手*	筋力：ピッチャー*
1	TB = 4 × 4 CL = 3 × 8	TB = 4 × 4 CL = 3 × 9
2	TB = 4 × 2 CL = 3 × 5	TB = 4 × 2 CL = 3 × 7
3	TB = 4 × 4 CL = 3 × 8	TB = 4 × 4 CL = 3 × 9
4	TB = 4 × 2 CL = 3 × 5	TB = 4 × 2 CL = 3 × 7
5	TB = 4 × 2 CL = 3 × 5	TB = 4 × 2 CL = 3 × 5

*筋力：1セット目はすべてのレップを行う。

	1週目	2週目	3週目	4週目	5週目
全　身					
パワークリーン（TB）	4×4+4×4	4×2+4×2	4×4+4×4	4×2+4×2	4×2
挙上重量					
下半身					
スクワット（CL）	3×8-7-6 + 3×9-8-7	3×5-4-3 + 3×7-6-5	3×8-7-6 + 3×9-8-7	3×5-4-3 + 3×7-6-5	3×5-4-3
挙上重量					
ストレートレッグ・デッドリフト（CL）	3×8-7-6 + 3×9-8-7	3×5-4-3 + 3×7-6-5	3×8-7-6 + 3×9-8-7	3×5-4-3 + 3×7-6-5	3×5-4-3
挙上重量					
上半身					
クローズグリップ・インクラインプレス（CL）	3×8-7-6 + 3×9-8-7	3×5-4-3 + 3×7-6-5	3×8-7-6 + 3×9-8-7	3×5-4-3 + 3×7-6-5	3×5-4-3
挙上重量					
体幹部					
ツイスティング・クランチ	3×15	3×15	3×15	3×15	3×12
挙上重量					

金曜日

期　間　5 週間。

ゴール　筋のサイズを大きくする（筋のサイズは筋力と相関関係があるため）。

強　度　筋肥大・筋力：負荷を増やす前に，各セット，すべてのレップを行える強度。

ペース　全身エクササイズは，可能な限り爆発的に行う。

　　　　　筋肥大・筋力：上昇局面を爆発的に，下降局面をコントロールして行う。

レスト　筋肥大：全身エクササイズのセット間，エクササイズ間は 1 分 30 秒，他のエクササイズのセット間は 1 分 15 秒。

　　　　　筋力：セット間，エクササイズ間とも 2 分。

セット数とレップ数

週	筋肥大：野手*	筋肥大：ピッチャー*	筋力：野手	筋力：ピッチャー
1	TB = 4 × 5 CL = 3 × 10 AL = 3 × 10	TB = 4 × 5 CL = 3 × 12 AL = 3 × 12	TB = 4 × 4 CL = 3 × 8 AL = 3 × 8	TB = 4 × 4 CL = 3 × 9 AL = 3 × 10
2	TB = 4 × 3 CL = 3 × 8 AL = 3 × 10	TB = 4 × 3 CL = 3 × 10 AL = 3 × 12	TB = 4 × 4 CL = 3 × 8 AL = 3 × 8	TB = 4 × 4 CL = 3 × 9 AL = 3 × 10
3	TB = 4 × 5 CL = 3 × 10 AL = 3 × 10	TB = 4 × 5 CL = 3 × 12 AL = 3 × 12	TB = 4 × 4 CL = 3 × 8 AL = 3 × 8	TB = 4 × 4 CL = 3 × 9 AL = 3 × 10
4	TB = 4 × 3 CL = 3 × 8 AL = 3 × 10	TB = 4 × 3 CL = 3 × 10 AL = 3 × 12	TB = 4 × 4 CL = 3 × 8 AL = 3 × 8	TB = 4 × 4 CL = 3 × 9 AL = 3 × 10
5	TB = 4 × 2 CL = 3 × 6 AL = 3 × 10	TB = 4 × 2 CL = 3 × 6 AL = 3 × 12	TB = 4 × 4 CL = 3 × 8 AL = 3 × 8	TB = 4 × 4 CL = 3 × 9 AL = 3 × 10

*筋肥大：各セットすべてのレップを行う。

筋肥大・筋力期：ダンベル

筋肥大*	1週目	2週目	3週目	4週目	5週目
全 身					
パワージャーク（TB）	4 × 5	4 × 3	4 × 5	4 × 3	4 × 2
挙上重量					
胸 部					
インクラインプレス（CL）	3 × 10 + 3 × 12	3 × 8 + 3 × 10	3 × 10 + 3 × 12	3 × 8 + 3 × 10	3 × 6
挙上重量					
ベントオーバー・ラテラルレイズ（AL）	3 × 10 + 3 × 12	3 × 10 + 3 × 12	3 × 10 + 3 × 12	3 × 10 + 3 × 12	3 × 10 または 3 × 12
挙上重量					
スタビライゼーション	1 × 45 秒	1 × 45 秒	1 × 45 秒	1 × 45 秒	1 × 45 秒
各脚					
体幹部					
サイドベンド	3 × 15 + 3 × 20	3 × 15 + 3 × 20	3 × 15 + 3 × 20	3 × 15 + 3 × 20	3 × 12
挙上重量					

*この表には，筋肥大のセット数，レップ数のみを記載している。前ページの表にあるセット数，レップ数を使って，筋力向上プログラムに移行する。

結 論

　バーベルのワークアウトとダンベルのワークアウトを検証すれば，バーベルからダンベルへの移行が容易であることがわかるはずである。ほとんどのバーベルエクササイズはダンベルで行うことができるので，他のエクササイズに変更するのではなく，そのままダンベルで行うようにすればよい。ダンベルエクササイズを重点的に用いる場合にも，強調するポイント（今回の場合は，第1に筋肥大，第2に筋力であること）は，バーベルによるトレーニングプログラムと変わりはない。変更するのは使用する機器だけである。一般的なフィットネスを目的とする場合には，主要なトレーニングの様式がバーベルよりもダンベルとなるが，トレーニングプログラムで強調するポイントについては同様である。

エクササイズ

　ダンベルを使用して，すべての大筋群をトレーニングすることができる。また，ダンベルにはバーベルと異なる利点がある。結果的に，ダンベルエクササイズをトレーニングプログラムに取り入れることが，大きな意味を持つことになる。第4〜7章では，上半身，下半身，体幹，全身（オリンピックリフティング）のダンベルエクササイズについて説明する。

　大学のS&Cコーチとして指導する立場から，強度よりもエクササイズテクニックに優先順位があることを強調したい。アスリートにはハードワークを期待するが，いかに高重量を挙上するかより，いかに正しいテクニックでエクササイズを行うかということが重要だと考える。第1にエクササイズテクニックであり，第2に強度である。エクササイズについての記述をしっかりと読み，実際にエクササイズを行う際には，写真で示したポジションとよく照らし合わせることが重要である。トレーニングプログラムを行ううえで，これらのことに最も労力を費やすべきである。

第4章

上半身のエクササイズ

　上半身の筋は，投げる，押す，引く，振るといった様々な競技動作に関与する。上半身で行う動作の多く（投げる，振るなど）は，下半身が起点となり，体幹を経由して力が伝達される。そのため，上半身の動作を最大限効果的なものにするために，下半身と体幹のトレーニングを行うことも重要となる。

　アスリートであれ一般の人であれ，レジスタンストレーニングを行っている人は，体幹や下半身のトレーニングを軽視し，上半身のトレーニングに注力してしまうことが多い。これは，上腕二頭筋や大胸筋の強さや見た目に意識が向いてしまうことによるものである。もちろん，上半身をトレーニングすることは重要である。しかし，よほど特別な状況でない限り，体幹や下半身の大筋群もトレーニングすべきである。体は，すべての大筋群の筋力が十分な場合に，最も機能的である。

　上半身のダンベルエクササイズを紹介するにあたって，肩，胸，上背部，上腕二頭筋，上腕三頭筋の5つの部位に分けることにする。

---**知ってる？**---

　上半身を強化することは，パフォーマンスや美容の領域において重要である。しかし，上半身のトレーニングに注力し過ぎて，体幹や下半身のトレーニングが疎かになることが多い。レジスタンストレーニングの成果を適切に出すために，すべての身体部位をトレーニングすべきである。体幹や下半身の強さは，日常生活やスポーツパフォーマンスにおいて重要である。

肩　部

　肩部の主要な筋として，三角筋があげられる。次に，棘上筋，僧帽筋，大胸筋，小胸筋，広背筋などがあげられる。

フロントレイズ

動作とポイント

1. 手のひらを後ろに向け，腕を伸ばした状態でダンベルを持つ。そうすることで，ダンベルが大腿の前にセットされる。
2. 肘をロックし，体を揺らすことなく，手のひらを後ろに向けた状態を保ちながら，ダンベルを肩の高さまで上げる。
3. 肩の高さで1カウント停止し，コントロールしながら，ダンベルをスタートポジションに戻す。

よく起こるエラー

- 動作が速すぎて，筋にテンション（張力）がかかる時間が短くなり，トレーニング効果が低くなる。
- 正しいテクニックを維持できないほどの重量を扱うと，下ろす動作が速すぎる，正しいポジションを維持できない，可動域が狭くなるといったことが起こってしまう。（常に，重量よりもテクニックを意識しなければならない。正しいテクニックを維持できなければ，重量を下げるべきである。）
- ボディスウィング（体を振ること）によって勢いをつけ，挙上動作を補助してしまうことにより，ターゲットとなる筋のトレーニング効果が低くなる。（ボディスウィングによってエクササイズを楽にしてはいけない。）

ラテラルレイズ

動作とポイント

1. 手のひらを内側に向け，肘を若干曲げた状態でダンベルを持ち，ダンベルを体側にセットする。
2. 肘を若干曲げて，ボディスウィングによって勢いをつけずに，手のひらを下に向けた状態を保ちながら，ダンベルを肩の高さまで上げる。
3. 肩の高さで1カウント停止し，コントロールしながら，ダンベルをスタートポジションに戻す。

よく起こるエラー

- 動作が速すぎて，筋にテンションがかかっている時間が短くなり，トレーニング効果が低くなる。
- 正しいテクニックを維持できないほどの重量を扱うと，下ろす動作が速すぎる，正しいポジションを維持できない，可動域が狭くなるといったことが起こってしまう。（常に，重量よりもテクニックを意識しなければならない。正しいテクニックを維持できなければ，重量を下げるべきである。）
- ボディスウィングによって勢いをつけ，挙上動作を補助してしまうことにより，ターゲットとなる筋のトレーニング効果が低くなる。

アームサークル

動作とポイント

1. 手のひらを内側に向け，両手にダンベルを持つ。
2. 肘を若干曲げ，腕を肩の高さまで上げる。
3. 2 の状態から，直径 30 〜 40 cm ぐらいの円を描くように腕を動かす。前回り，後ろ回りを交互に行う。
4. 動作はゆっくりとコントロールして行う。

よく起こるエラー

- 肘が過度に曲がる。（肘は若干曲がった状態を保たなければならない。）
- ボディスウィングによって勢いをつけ，円運動を補助してしまう。（動作は，肩を中心に行わなければならない。）
- 小さい可動域で行い，動員される筋が少なくなる。
- 動作が速すぎて，トレーニング効果が低くなる。

ショルダープレス

動作とポイント

1. 手のひらを前に向け，肘を下に向けた状態で，肩の位置にダンベルを持つ。
2. 肘が完全に伸びるまで，ダンベルを真上に上げる。
3. 挙上を補助するために下半身を使わない。
4. ダンベルを挙上する時に体を後ろに反らさない。トップポジションで，肩は股関節の真上に位置させる。
5. 1カウント停止し，コントロールしながら，ダンベルをスタートポジションに戻す。

よく起こるエラー

- 動作が速すぎて，筋にテンションがかかっている時間が短くなり，トレーニング効果が低くなる。
- 正しいテクニックを維持できないほどの重量を扱うと，下ろす動作が速すぎる，正しいポジションを維持できない，可動域が狭くなるといったことが起こってしまう。
- 下半身を使うことで勢いをつけ，挙上動作を補助してしまうことにより，ターゲットとなる筋のトレーニング効果が低くなる。
- ダンベルを挙上する時に体幹を反らしてしまうと，腰部に過度のストレスがかかる。（足首，膝，股関節，肩を一直線上に位置させなければならない。）

オルタネイティング・ショルダープレス

動作とポイント

1. 手のひらを前に向け，肘を下に向けた状態で，肩の位置にダンベルを持つ。
2. 肘が完全に伸びるまで，左側のダンベルを真上に上げる。
3. 挙上を補助するために下半身を使わない。
4. ダンベルを挙上する時に体を後ろに反らさない。トップポジションで，肩は股関節の真上に位置させる。
5. 左側のダンベルをスタートポジションに戻し，すぐに右側のダンベルを肘が完全に伸びるところまで挙上する。
6. 1カウント停止し，コントロールしながら，ダンベルをスタートポジションに戻す。

よく起こるエラー

- 動作が速すぎて，筋にテンションがかかっている時間が短くなり，トレーニング効果が低くなる。
- 正しいテクニックを維持できないほどの重量を扱うと，下ろす動作が速すぎる，正しいポジションを維持できない，可動域が狭くなるといったことが起こってしまう。
- 下半身を使って勢いをつけ，挙上動作を補助してしまうと，ターゲットとなる筋のトレーニング効果が低くなる。
- ダンベルを挙上する時に体幹を反らしてしまうと，腰部に過度のストレスがかかる。（足首，膝，股関節，肩を一直線上に位置させなければならない。）
- 挙上するダンベルと逆側に体を傾けると，トレーニング効果が低くなってしまう。（体はまっすぐに保たなければならない。）

シングルアーム・ショルダープレス

動作とポイント

1. 手のひらを前に向け，肘を下に向けた状態で，肩の位置にダンベルを持つ。
2. 肘が完全に伸びるまで，ダンベルを真上に上げる。
3. 挙上を補助するために下半身を使わない。
4. ダンベルを挙上する時に体を後ろに反らさない。トップポジションで，肩は股関節の真上に位置させる。
5. 1カウント停止し，コントロールしながら，ダンベルをスタートポジションに戻す。

よく起こるエラー

● 動作が速すぎて，筋にテンションがかかる時間が短くなり，トレーニング効果が低くなる。

● 正しいテクニックを維持できないほどの重量を扱うと，下ろす動作が速すぎる，正しいポジションを維持できない，可動域が狭くなるといったことが起こってしまう。

● 下半身を使って勢いをつけ，挙上動作を補助してしまうと，ターゲットとなる筋へのトレーニング効果が低くなる。

● ダンベルを挙上する時に体幹を反らしてしまうと，腰部に過度のストレスがかかる。（足首，膝，股関節，肩を一直線上に位置させなければならない。）

● 挙上するダンベルと逆側に体を傾けると，トレーニング効果が低くなってしまう。（体は，まっすぐに保たなければならない。）

アーノルドプレス

動作とポイント

1. 手のひらを体の方に向け，ダンベルを胸の上部と肩の間にセットする。動作は，ショルダープレスとほぼ同様である。
2. ダンベルを挙上し始めたら，腕が完全に伸びる過程で，手のひらを体に向けた状態から反対の向きに回旋させる。

よく起こるエラー

- 動作が速すぎて，筋にテンションがかかる時間が短くなり，トレーニング効果が低くなる。
- 正しいテクニックを維持できないほどの重量を扱うと，下ろす動作が速すぎる，正しいポジションを維持できない，可動域が狭くなるといったことが起こってしまう。
- 下半身を使って勢いをつけ，挙上動作を補助してしまうと，ターゲットとなる筋へのトレーニング効果が低くなる。
- ダンベルを挙上する時に体幹を反らしてしまうと，腰部に過度のストレスがかかる。（足首，膝，股関節，肩を一直線上に位置させなければならない。）

アップライト・ロー

動作とポイント

1. 手のひらを下へ向け，腕を伸ばした状態でダンベルを持つ。そうすることで，ダンベルが大腿の前にセットされる。
2. 肘が手首よりも上にある状態を保ちながら，ダンベルを肩の高さまで挙上する。
3. ボディスウィングによって勢いをつけ，挙上を補助してはならない。
4. 肩の高さで1カウント停止し，ダンベルをコントロールしながらスタートポジションに戻す。

よく起こるエラー

- 動作が速すぎて，筋にテンションがかかる時間が短くなり，トレーニング効果が低くなる。
- 正しいテクニックを維持できないほどの重量を扱うと，下ろす動作が速すぎる，正しいポジションを維持できない，可動域が狭くなるといったことが起こってしまう。
- 手首が肘よりも上になると，肩の筋に対するトレーニング効果が低くなってしまう。
- 下半身を使ったり，ボディスウィングによって勢いをつけ，ダンベルを挙上する動作を補助すると，トレーニング効果が低くなってしまう。

胸　部

胸部の主要な筋として大胸筋，次に小胸筋があげられる。

ダンベル・プッシュアップ

動作とポイント

1. つま先と両手を床につき，体をまっすぐにし，通常のプッシュアップのポジションをとる。
2. 腕を肩幅にし，両手が内側を向くように回旋させる。
3. ダンベルのハンドルを持ち，この姿勢をエクササイズを行う間維持する。こうすることで，床に手をつくよりも，エクササイズの可動域が大きくなる。
4. トップポジションで肘を完全に伸ばし，ボトムポジションで胸と骨盤前部を床に近いところまで下ろす。

よく起こるエラー

- 動作を全可動範囲で行っていない。動作は，腕が完全に伸びた状態から，胸と骨盤前部が床に近づくまでの範囲で行わなければならない。
- 動作中またはレップ間に，骨盤前部を持ち上げたり，下げたりして，体をまっすぐに維持できない。

プルオーバー

動作とポイント

1. 上背部と肩をベンチにつけて，体を支える。
2. 膝，股関節，肩が一直線上に位置するように，膝を曲げ，足裏を床につける。
3. ダンベルを縦に向け，上になるスタック部分の内側を持つ。
4. 肘を伸ばし，ダンベルを顔の上に位置させる。
5. 肘を若干曲げ，痛みや違和感を感じない可動域で，ダンベルを頭上を越えるところまで下ろす。
6. 肘を若干曲げたまま，ダンベルをスタートポジションに戻す。

よく起こるエラー

- 動作が速すぎて，筋にテンションがかかる時間が短くなり，トレーニング効果が低くなる。
- 正しいテクニックを維持できないほどの重量を扱うと，下ろす動作が速すぎる，正しいポジションを維持できない，可動域が狭くなるといったことが起こってしまう。
- 肘を過度に曲げてしまうと，胸部へのストレスが十分でなくなる。

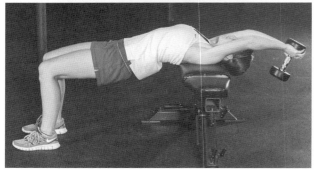

フライ

動作とポイント

1. ベンチに仰向けになり，足裏を床につける。
2. 両手にダンベルを持ち，手のひらを内側に向けて，胸の真上に構える。
3. 肘を若干曲げ，ダンベルを横方向に，肋骨の位置まで下ろす。
4. 肘を若干曲げたまま，ダンベルをスタートポジションに戻す。

よく起こるエラー

- 動作が速すぎて，筋にテンションがかかる時間が短くなり，トレーニング効果が低くなる。
- 正しいテクニックを維持できないほどの重量を扱うと，下ろす動作が速すぎる，正しいポジションを維持できない，可動域が狭くなるといったことが起こってしまう。
- 肘を過度に曲げると，胸部へのストレスが十分でなくなる。
- 可動域が小さくなると，ターゲットとする筋を十分に動員できない。

インクライン・フライ

動作とポイント

1. ベンチの角度を 20 ～ 30°に上げる。この傾斜では，フラットベンチで行う場合と比較して，胸筋群の上部をトレーニングすることになる。
2. ベンチに仰向けになり，足裏を床につける。
3. 両手にダンベルを持ち，手のひらを内側に向けて，胸の真上に構える。
4. 肘を若干曲げ，ダンベルを横方向に，肋骨の位置まで下ろす。
5. 肘を若干曲げたまま，ダンベルをスタートポジションに戻す。

よく起こるエラー

- 動作が速すぎて，筋にテンションがかかる時間が短くなり，トレーニング効果が低くなる。
- 正しいテクニックを維持できないほどの重量を扱うと，下ろす動作が速すぎる，正しいポジションを維持できない，可動域が狭くなるといったことが起こってしまう。
- 肘を過度に曲げてしまうと，胸部へのストレスが十分でなくなる。
- 可動域が小さくなると，ターゲットとする筋を十分に動員できない。

デクライン・フライ

動作とポイント

1. ベンチの角度を 20 〜 30° に下げる。この傾斜では、フラットベンチの場合よりも、胸筋群の下部をトレーニングすることになる。
2. ベンチに仰向けになり、足裏を床につける。
3. 両手にダンベルを持ち、手のひらを内側に向けて、胸の真上に構える。
4. 肘を若干曲げ、ダンベルを横方向に、肋骨の位置まで下ろす。
5. 肘を若干曲げたまま、ダンベルをスタートポジションに戻す。

よく起こるエラー

- 動作が速すぎて、筋にテンションがかかる時間が短くなり、トレーニング効果が低くなる。
- 正しいテクニックを維持できないほどの重量を扱うと、下ろす動作が速すぎる、正しいポジションを維持できない、可動域が狭くなるといったことが起こってしまう。
- 肘を過度に曲げてしまうと、胸部へのストレスが十分でなくなる。
- 可動域が小さくなると、ターゲットとする筋を十分に動員できない。

スタンディング・アップワード・フライ

動作とポイント

1. 立った姿勢で，手のひらを前に向けてダンベルを持つ。ダンベルの内側の部分を，大腿の外側に位置させる。
2. 肘を若干曲げ，姿勢を維持したまま，ダンベルを肩の高さまで挙上する。
3. トップポジションで，左右のダンベルが触れるようにする。
4. コントロールしながらダンベルをゆっくり下ろす。

よく起こるエラー

- 肘を過度に曲げてしまう。若干曲げた状態を維持しなければならない。
- ボディスウィングによって勢いをつけ，挙上動作を補助してしまう。肩関節以外の部分は動かさないようにしなければならない。
- 選択した重量が重すぎて，可動域が小さくなってしまう。ダンベルは，殿部の横から，肩の高さまで動かさなければならない。

インクラインプレス

動作とポイント

1. インクラインベンチに仰向けになり，足裏を床につける。
2. 胸の高さにダンベルを持つ。
3. 両方のダンベルを同時に肩の真上に挙上し，肘を完全に伸ばす。
4. ゆっくりとコントロールしながら，ダンベルをスタートポジションに戻す。

よく起こるエラー

- 動作が速すぎて，筋にテンションがかかる時間が短くなり，トレーニング効果が低くなる。
- 正しいテクニックを維持できないほどの重量を扱うと，下ろす動作が速すぎる，正しいポジションを維持できない，可動域が狭くなるといったことが起こってしまう。
- 殿部をベンチから浮かせると，腰部が過度に反り，ストレスがかかってしまう。また，胸筋への刺激が十分でなくなる。
- 可動域が小さくなると，ターゲットとする筋を十分に動員できない。

━━ オルタネイティング・インクラインプレス ━━

動作とポイント

1. インクラインベンチに仰向けになり，足裏を床につける。
2. 胸の高さにダンベルを持つ。
3. 右側のダンベルを肩の真上に挙上し，腕を完全に伸ばす。左側に持っているダンベルは動かさない。
4. 右側のダンベルを下ろし，左側で同じ動作を繰り返す。
5. ゆっくりとコントロールしながら，ダンベルをスタートポジションに戻す。

よく起こるエラー

- 動作が速すぎて，筋にテンションがかかる時間が短くなり，トレーニング効果が低くなる。
- 正しいテクニックを維持できないほどの重量を扱うと，下ろす動作が速すぎてしまう，正しいポジションを維持できない，可動域が狭くなるといったことが起こってしまう。
- 殿部をベンチから浮かせると，腰部が過度に反ってしまう。
- ダンベルを挙上する時に上体をひねると，腰部にケガをしてしまう可能性が高くなる。エクササイズ中は，殿部と肩をベンチにつけたままにしなければならない。

シングルアーム・インクラインプレス

動作とポイント

1. インクラインベンチに仰向けになり，足裏を床につける。
2. 片手で，胸の高さにダンベルを持つ。
3. ダンベルを肩の真上に挙上し，肘を完全に伸ばす。
4. 設定されたレップ数を終了したら，逆側で同じ動作を繰り返す。
5. ゆっくりとコントロールしながら，ダンベルをスタートポジションに戻す。

よく起こるエラー

- 動作が速すぎて，筋にテンションがかかる時間が短くなり，トレーニング効果が低くなる。
- 正しいテクニックを維持できないほどの重量を扱うと，下ろす動作が速すぎる，正しいポジションを維持できない，可動域が狭くなるといったことが起こってしまう。
- 殿部をベンチから浮かせると，腰部が過度に反ってしまう。
- ダンベルを挙上する時に上体をひねると，腰部にケガをしてしまう可能性が高くなる。エクササイズ中は，殿部と肩をベンチにつけたままにしなければならない。

クローズグリップ・インクラインプレス

動作とポイント

1. 殿部, 頭部がしっかり支えられるように, ベンチに仰向けになる。
2. 腕を伸ばして, 胸の真上にダンベルを持つ。手のひらを内側に向け, 左右のダンベルが互いに触れた状態にする。
3. 左右のダンベルが触れた状態を保ちながら, 胸の位置まで下ろしてから, また腕を完全に伸ばす。
4. 最初から最後まで, 殿部がベンチにつき, 足裏が床についた状態で行う。

よく起こるエラー

- 殿部がベンチから離れたり, 足裏が床から離れる。
- ダンベルを速く動かしてしまう。動作はコントロールして行わなければならない。
- 可動域全体を使って動作を行っていない。トップポジションでは腕が完全に伸び, ボトムポジションではダンベルが胸に触れなければならない。

デクラインプレス

動作とポイント

1. デクラインベンチに仰向けになる。
2. 胸の高さにダンベルを持つ。
3. 両方のダンベルを同時に肩の真上に挙上し，肘を完全に伸ばす。
4. ゆっくりとコントロールしながら，ダンベルをスタートポジションに戻す。

よく起こるエラー

- 動作が速すぎて，筋にテンションがかかる時間が短くなり，トレーニング効果が低くなる。
- 正しいテクニックを維持できないほどの重量を扱うと，下ろす動作が速すぎる，正しいポジションを維持できない，可動域が狭くなるといったことが起こってしまう。
- 殿部をベンチから浮かせると，腰部が過度に反ってしまう。
- 可動域が小さくなると，トレーニング効果が下がってしまう。

オルタネイティング・デクラインプレス

動作とポイント

1. デクラインベンチに仰向けになる。
2. 胸の高さにダンベルを持つ。
3. 右側のダンベルを肩の真上に挙上し，腕を完全に伸ばす。左側に持っているダンベルは動かさない。
4. 右側のダンベルを下ろし，左側で同じ動作を繰り返す。
5. ゆっくりとコントロールしながら，ダンベルをスタートポジションに戻す。

よく起こるエラー

- 動作が速すぎて，筋にテンションがかかる時間が短くなり，トレーニング効果が低くなる。
- 正しいテクニックを維持できないほどの重量を扱うと，下ろす動作が速すぎる，正しいポジションを維持できない，可動域が狭くなるといったことが起こってしまう。
- 殿部をベンチから浮かせると，腰部が過度に反ってしまう。
- ダンベルを挙上する時に体をひねると，腰部にストレスがかかってしまう。

シングルアーム・デクラインプレス

動作とポイント

1. インクラインベンチに仰向けになる。
2. 片手で胸の高さにダンベルを持つ。
3. ダンベルを肩の真上に挙上し，肘を完全に伸ばす。
4. 設定されたレップ数を終了したら，逆側で同じ動作を繰り返す。
5. ゆっくりとコントロールしながら，ダンベルをスタートポジションに戻す。

よく起こるエラー

- 動作が速すぎて，筋にテンションがかかる時間が短くなり，トレーニング効果が低くなる。
- 正しいテクニックを維持できないほどの重量を扱うと，下ろす動作が速すぎる，正しいポジションを維持できない，可動域が狭くなるといったことが起こってしまう。
- 殿部をベンチから浮かせると，腰部が過度に反ってしまう。
- ダンベルを挙上する時に体をひねると，腰部にストレスがかかってしまう。

ベンチプレス

動作とポイント

1. ベンチに仰向けになり，足裏を床につける。
2. 胸の高さにダンベルを持つ。
3. 両方のダンベルを同時に肩の真上に挙上し，腕を完全に伸ばす。
4. ゆっくりとコントロールしながら，ダンベルをスタートポジションに戻す。

よく起こるエラー

- 動作が速すぎて，筋にテンションがかかる時間が短くなり，トレーニング効果が低くなる。
- 正しいテクニックを維持できないほどの重量を扱うと，下ろす動作が速すぎる，正しいポジションを維持できない，といったことが起こってしまう。
- 可動域が小さくなると，ターゲットとする筋を十分に動員できない。

リバース・ワイドグリップ・ベンチプレス

動作とポイント

1. ダンベルベンチプレスを行う時と同様に，ベンチに仰向けになる。しかし，通常の動作と異なり，腕を回旋させ，手のひらを上に向けるようにする。
2. ダンベルの内側を胸の幅より外側に位置させる。
3. 痛みや違和感が出ない範囲でダンベルを下ろしてから，肘が完全に伸びるまで挙上する。

よく起こるエラー

- 重量が重すぎると，ダンベルをゆっくりと下ろせなかったり，可動域が小さくなったりする。
- 全可動域で，ダンベルをコントロールしながら下ろす。
- 殿部をベンチから浮かせると，腰部が過度に反ってしまう。

オルタネイティング・ベンチプレス

動作とポイント

1. ベンチに仰向けになり，足裏を床につける。
2. 胸の高さにダンベルを持つ。
3. 右側のダンベルを右肩の真上に挙上し，右腕を完全に伸ばす。左側に持っているダンベルは動かさない。
4. 右側のダンベルを下ろし，左側で同じ動作を繰り返す。
5. ゆっくりとコントロールしながら，ダンベルをスタートポジションに戻す。

よく起こるエラー

- 動作が速すぎて，筋にテンションがかかる時間が短くなり，トレーニング効果が低くなる。
- 正しいテクニックを維持できないほどの重量を扱うと，下ろす動作が速すぎる，正しいポジションを維持できない，可動域が狭くなるといったことが起こってしまう。
- 殿部をベンチから浮かせると，腰部が過度に反ってしまう。
- ダンベルを挙上する時に体をひねると，腰部にケガをしてしまう可能性が高くなる。エクササイズ中，殿部と肩をベンチにつけたままにしなければならない。

シングルアーム・ベンチプレス

動作とポイント

1. ベンチに仰向けになり，足裏を床につける。
2. 片手で胸の高さにダンベルを持つ。
3. ダンベルを肩の真上に挙上し，肘を完全に伸ばす。
4. 設定されたレップ数を終了したら，逆側で同じ動作を繰り返す。
5. ゆっくりとコントロールしながら，ダンベルをスタートポジションに戻す。

よく起こるエラー

- 動作が速すぎて，筋にテンションがかかる時間が短くなり，トレーニング効果が低くなる。
- 正しいテクニックを維持できないほどの重量を扱うと，下ろす動作が速すぎる，正しいポジションを維持できない，可動域が狭くなるといったことが起こってしまう。
- 殿部をベンチから浮かせると，腰部が過度に反ってしまう。
- ダンベルを挙上する時に体をひねると，腰部にケガをしてしまう可能性が高くなる。エクササイズ中，殿部と肩をベンチにつけたままにしなければならない。

バリープレス

動作とポイント

1. 手のひらを上に向けて，ダンベルを持つ。
2. 立った姿勢で，ダンベルを胸の高さに構え，肘を肋骨の外側に位置させて，スタートポジションをとる。
3. ダンベルを胸の高さに維持しながら，前に押し出し，ダンベルの内側の部分が互いに触れるようにする。

よく起こるエラー

- 肘を完全に伸ばさなかったり，ダンベルを胸の位置まで完全に戻さなかったりして，可動域が小さくなってしまう。
- 重量が重すぎて，正しいポジションを維持することができない。ダンベルは，胸の高さで，互いに触れなければならない。

上背部

　上背部の主要な筋として，広背筋，菱形筋，僧帽筋，次に菱形筋，大円筋があげられる。

シュラッグ

動作とポイント
1. 手のひらを体の方に向け，体の横にダンベルを持つ。
2. 両肩を，まず前に，そして真上に，最後に後ろにと，一挙動の円運動を，痛みや違和感がない範囲で行う。

よく起こるエラー
- ボディスウィングによって勢いをつけてしまう。全ての動作（前，真上，後ろ）は，痛みや違和感がない範囲で，全可動域で行わなければいけない。

シングルアーム・プルオーバー

動作とポイント

1. 上背部と肩をベンチにつけ，膝を曲げ，足裏を床につけて体を支える。
2. 右手にダンベルを持ち，右肩の真上に挙上し，スタートポジションをとる。
3. 肘を若干曲げ，右肩関節だけでダンベルを頭上に動かしてから，スタートポジションに戻る。
4. 右腕で設定されたレップ数を行った後，左腕で同じ動作を繰り返す。

よく起こるエラー

- 肘を過度に曲げてしまう。
- 肩だけでなく，肘も動かしてしまう。
- 重量が重すぎると，ダンベルをゆっくりと下ろせなかったり，可動域が小さくなったりしてしまう。

ベントオーバー・ラテラルレイズ

動作とポイント

1. 手のひらを体の方に向け，体の横にダンベルを持つ。
2. 背筋をまっすぐに維持しながら，股関節を曲げベントオーバー姿勢をつくり，肩が殿部より 15 ～ 20 cm 高くなるようにする。ダンベルはまっすぐ下に下ろす。
3. 肘を若干曲げる。
4. ダンベルが肩の高さに来るまで，両腕を外側に広げていく。
5. ダンベルが胸の真下に来るまで，両腕を下ろしていく。

よく起こるエラー

- 肘を過度に曲げてしまう。
- ボディスウィングによって勢いをつけ，挙上動作を補助してしまい，ゆっくりと動作を行うことができない。
- 重量が重すぎると，ダンベルをゆっくりと下ろせなかったり，可動域が小さくなったりしてしまう。

リバース・インクライン・トラッププレス

動作とポイント

1. 45°の角度に調節したインクラインベンチにうつ伏せになる。頭と肩をベンチの先端より上に位置させる。
2. 手のひらを下向きにして，ダンベルを肩より少し上の位置に持つ。
3. ダンベルをベンチの傾きと同じ角度に押していく。腕を完全に伸ばした時，肘が肩と同じ高さになるようにする。
4. スタートポジションに戻る。

よく起こるエラー

- ダンベルを動かすのが速すぎる。動作は，コントロールされていなければならない。
- 全可動域でトレーニングを行っていない。肘を完全に伸ばした状態から，ダンベルが肩の上まで動かなければならない。
- 重量が重すぎて，傾斜と同じ角度でトレーニングできていない。

ロー

動作とポイント

1. 左膝が左股関節の真下に来るように，フラットベンチに乗せる。
2. 股関節を曲げ，背中をまっすぐにして，頭を上げる。
3. 左腕を伸ばしたまま，左手をベンチに置く。
4. ダンベルを右手に持ち，手のひらを内側に向け，肩の真下に位置させる。
5. 肩関節を真上に持ち上げ，ダンベルの位置を高くする。この時点では，右腕が曲がらないようにする。
6. 肩を持ち上げた状態を維持しながら，ダンベルを肋骨の外側に引き上げる。
7. ダンベルをコントロールしながら下ろす。
8. 設定されたレップ数を終了したら，左腕で同じ動作を繰り返す。

よく起こるエラー

- 動作が速すぎて，筋にテンションがかかる時間が短くなり，トレーニング効果が低くなる。
- 正しいテクニックを維持できないほどの重量を扱うと，下ろす動作が速すぎる，正しいポジションを維持できない，可動域が狭くなるといったことが起こってしまう。
- 反動や体の捻りを使ってダンベルを引き上げると，なめらかにコントロールされた動作でトレーニングできない。
- ダンベルが肩の真下に位置していないと，肋骨の外側に引き上げることができない。

ワイドグリップ・ロー

動作とポイント

1. 左膝を左股関節の真下に来るようにフラットベンチ乗せる。右の足裏は床につけ，股関節の下に位置させる。
2. 左手を左肩よりも前になるようにベンチに置く。背中をまっすぐにする。
3. ダンベルを右手に持ち，手のひらを足の方に向け，肩の真下に位置させる。ダンベルの内側の部分を肋骨の外側に位置させる。
4. 右腕を伸ばしたまま，肩関節を真上に持ち上げ，ダンベルの位置を高くする。
5. 肩を持ち上げたまま，ダンベルを肋骨の外側に引き上げる。
6. ダンベルをコントロールしながら下ろす。
7. 設定されたレップ数を終了したら，左腕で同じ動作を繰り返す。

よく起こるエラー

- 上背部を動かすのではなく，肘を中心に動作を行おうとしてしまう。
- ダンベルを速く動かしすぎてしまう。特にダンベルを下ろす動作をコントロールしなければならない。
- 肋骨の外側ではなく，胸に向かってダンベルを引き上げると，可動域が小さくなってしまう。

上腕二頭筋

上腕前部の主要な筋として，上腕二頭筋，次に上腕筋があげられる。

知ってる？

　ダンベルトレーニングでは，例えばアームカールのように左右の腕を均等に動かすことが多いが，シングルアームやオルタネイティングといった動作のバリエーションを加えることもできる。日常生活やスポーツの様々な場面では，こうした片腕の動作や左右の交互動作が行われることが多く，ダンベルエクササイズは実際の動作により近いかたちでトレーニングを行うことができる。バレーボールのサーブや，買物の際に片手で買物かごを持ち，もう片方の手でドアを開けるといった場面を思い浮かべれば，理解いただけるであろう。

カール

動作とポイント

1. 手のひらを上に向けて，ダンベルを持つ。
2. 腕を伸ばし，ダンベルを大腿の前にセットする。
3. ボディスウィングによって勢いをつけることなく腕を曲げ，ダンベルを肩の高さまで挙上する。
4. ダンベルをコントロールしながら下ろし，スタートポジションに戻る。

よく起こるエラー

- 動作が速すぎて，筋にテンションがかかる時間が短くなり，トレーニング効果が低くなる。
- 正しいテクニックを維持できないほどの重量を扱うと，下ろす動作が速すぎる，正しいポジションを維持できない，可動域が狭くなるといったことが起こってしまう。
- ボディスウィングによって勢いをつけ，挙上動作を補助してしまうことにより，ターゲットとなる筋のトレーニング効果が低くなる。勢いをつけることでより重い重量を挙上できるかもしれないが，ターゲットとなる筋がうまく働かず，トレーニング効果が失われてしまう。

ハンマーカール

動作とポイント

1. 手のひらを内側に向け，体側にダンベルを持つ。両足は肩幅に開く。
2. ボディスウィングによって勢いをつけることなく腕を曲げ，親指が上を向くように，ダンベルを肩の高さまで挙上する。
3. ダンベルをコントロールしながら下ろす。

よく起こるエラー

- 動作が速すぎて，筋にテンションがかかる時間が短くなり，トレーニング効果が低くなる。
- 正しいテクニックを維持できないほどの重量を扱うと，下ろす動作が速すぎる，正しいポジションを維持できない，可動域が狭くなるといったことが起こってしまう。
- ボディスウィングによって勢いをつけ，挙上動作を補助してしまうことにより，ターゲットとなる筋のトレーニング効果が低くなる。

リバースカール

動作とポイント

1. 手のひらを下に向けて，ダンベルを持つ。
2. 腕を伸ばし，ダンベルを大腿の前にセットする。
3. ボディスウィングによって勢いをつけることなく腕を曲げ，ダンベルを肩の高さまで挙上する。
4. ダンベルをコントロールしながら下ろし，スタートポジションに戻る。

よく起こるエラー

- 動作が速すぎて，筋にテンションがかかる時間が短くなり，トレーニング効果が低くなる。
- 正しいテクニックを維持できないほどの重量を扱うと，下ろす動作が速すぎる，正しいポジションを維持できない，可動域が狭くなるといったことが起こってしまう。
- ボディスウィングによって勢いをつけ，挙上動作を補助してしまうことにより，ターゲットとなる筋のトレーニング効果が低くなる。

ダンベル・ドラッグカール

動作とポイント

1. 手のひらを上に向けて，ダンベルを持つ。
2. 腕を曲げながら肘を後ろへ動かし，両方のダンベルを同時に挙上する。つまり，肘を肩の真下から，できるだけ後ろに動かす。

よく起こるエラー

- 重量が重すぎると，動作をゆっくりと行うことができず，可動域が小さくなったり，勢いを使ってしまうことになる。

ゾットマンカール

動作とポイント

1. 立った姿勢で両手にダンベルを持ち，手のひらを内側に向け，大腿の高さから動作を始める。
2. 内側に向いていた手を上に向けながら腕を曲げ，ダンベルを挙上する。
3. ダンベルが肩の位置にあるトップポジションから，手を元の向きに回旋させながら，大腿の高さに戻していく。
4. 次のレップを始める前に，スタートポジションを取り直す。

よく起こるエラー

- 重量が重すぎて，動作が速くなりすぎてしまう。（なめらかにコントロールされた動作で行わなければならない。）
- 上半身を揺らすことで，挙上を補助してしまう。

コンセントレーションカール

動作とポイント

1. ベンチに座り，両足を腰幅より広く置き，右手にダンベルを持つ。
2. 前かがみになり，右大腿の内側に右腕を固定する。
3. 手のひらを上に向けてダンベルを持つ。
4. 腕が完全に伸びた状態から，完全に曲がるところまでダンベルを動かす。
5. 設定されたレップ数を終了したら，逆の腕で同じ動作を繰り返す。

よく起こるエラー

- なめらかにコントロールできず，速い動作で挙上してしまう。
- 動作を全可動域で行っていない。（腕は完全に伸ばし，完全に曲げなければならない。）
- 余分な動作でダンベルの挙上を補助してしまうことにより，トレーニング効果が低くなる。（動作は，上腕二頭筋に集中して行わなければならない。）

上腕三頭筋

　上腕の主要な筋として，上腕三頭筋があげられる。次に，肘筋があげられる。

トライセプス・エクステンション

動作とポイント
1. ダンベルを両手で縦の向きに持つ。
2. 腕を真上に伸ばし，頭の上にダンベルを縦の向きに構える。
3. コントロールしながら肘を曲げ，頭の後ろにダンベルを下ろす。
4. 肘を伸ばして，スタートポジションに戻る。

よく起こるエラー
- 動作が速すぎて，筋にテンションがかかる時間が短くなり，トレーニング効果が低くなる。
- 正しいテクニックを維持できないほどの重量を扱うと，下ろす動作が速すぎる，正しいポジションを維持できない，可動域が狭くなるといったことが起こってしまう。
- ボディスウィングによって勢いをつけてしまうと，トレーニング効果が低くなる。
- 肘の位置を頭のすぐ横に維持できず，外側に広げてしまうと，ターゲットとなる筋へのトレーニング効果が低くなる。

キックバック

動作とポイント

1. 左膝を左股関節の真下に位置させるように，ベンチの上に乗せる。
2. 股関節を曲げ，体幹を倒し，背中をまっすぐにする。
3. 左手をベンチの上に置いて上半身を支え，左腕をまっすぐにする。
4. 右手のひらを内側に向けてダンベルを握り，右肩の真下に位置させる。
5. 右肘と右肩を伸展させ，前腕を股関節の高さに位置させる。
6. 右手が肘の真下に来るように正しい角度で右肘を曲げ，前腕を右脚と平行にする。
7. 上腕の位置を維持しながら，腕を伸ばしてダンベルを肘の高さまで挙上する。
8. ダンベルをコントロールしながら下ろす。

よく起こるエラー

- 動作が速すぎて，筋にテンションがかかる時間が短くなり，トレーニング効果が低くなる。
- 正しいテクニックを維持できないほどの重量を扱うと，下ろす動作が速すぎる，正しいポジションを維持できない，可動域が狭くなるといったことが起こってしまう。
- ボディスウィングによって勢いをつけてしまうと，トレーニング効果が低くなる。

クローズグリップ・ダンベルプレス

動作とポイント

1. ベンチの上に仰向けになり，胸の横にダンベルを持つ。
2. 手のひらを内側に向ける。
3. 手の位置を維持しながら，腕を完全に伸ばしてから，スタートポジションに戻る。
4. 肘を体側に近づけたまま，胸の外側にダンベルを下ろす。こうすることで，上腕三頭筋を中心にエクササイズを行うことができる。

よく起こるエラー

- 肘を外側に広げてしまうと，上腕三頭筋への刺激が十分でなくなる。
- 胸の外側ではなく，胸の上にダンベルを下ろしてしまうと，可動域が小さくなってしまう。
- 腰部を反らしたり，殿部を浮かせてしまう。（このような動作は避けなければならない。）
- ダンベルを動かすのが速すぎたり，全可動域で動作を行っていない。

スカルクラッシャー

動作とポイント

1. ベンチの上に仰向けになり，足裏を床につける。
2. 手のひらを内側に向けてダンベルを持ち，腕を完全に伸ばして肩の真上に位置させる。
3. 手首を固定し，肩を動かさないようにしながら，肘だけを動かし，ダンベルを頭の横に下ろす。それから，スタートポジションに戻る。

よく起こるエラー

- 肘を肩幅よりも外に広げてしまう。（肘のポジションは維持しなければならない。）
- 肘の伸展，屈曲を完全に行わない。（このエクササイズは全可動域で行わなければならない。）
- 動作が速すぎる。（動作はコントロールして行わなければならない。）

第5章

下半身のエクササイズ

　腕が太く胸が大きいことが強くパワフルであることのように思われている風潮から，レジスタンストレーニングのプログラムで上半身のエクササイズばかりが強調されることが多い。しかし実際のところ，スポーツや日常生活では，下半身の動きが主体となる。つまり，大きな上腕二頭筋よりも，強くてパワフルな下半身の方が，スポーツで成功をおさめ，日常生活において活発でいるために重要なのである。この章では，下半身のエクササイズを紹介する。下半身の主要な筋は，殿筋群，ハムストリングス，内転筋群，大腿四頭筋，ヒラメ筋である。

知ってる？

　多くのスポーツ競技のパフォーマンスは，力を発揮する能力よりも，パワーを発揮する能力に左右されるところが大きい。ジャンプ，スプリント，バットスウィング，投球といった動作はどれも，高いレベルのパワー発揮を必要とする。一方，日常生活の動作でも，パワーを必要とするものがある。中でも重要なのは，歩行中につまづいたりすべったりした時に，体勢を立て直す能力である。転倒を避けるには素早い動作が必要であり，転倒を避けられるか避けられずにケガをするかの決定的要素ともなりうる。

スクワット

動作とポイント

1. 腕を体側に沿って伸ばし，ダンベルを持つ。
2. スタンスを肩幅にとる。
3. 背中をまっすぐにし，頭が下がらないようにする。
4. 姿勢を維持しながら，股関節を後ろに動かし，スクワット動作を始める。
5. 大腿が床と平行になるまでしゃがむ。股関節の中心が膝関節の中心と同じ高さか下に来る。
6. 踵を床につけたままにする。膝は，つま先の少し前，真上，少し後ろのいずれかに位置させる。
7. 殿部を最初に持ち上げるのではなく，頭からスタートポジションに戻る。背中をまっすぐにし，頭が下がらないようにする。

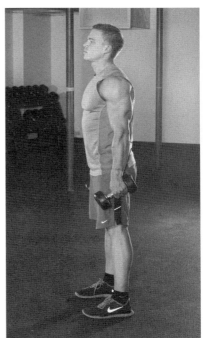

よく起こるエラー

- エクササイズ中に背中を丸めてしまうと，腰部に過度なストレスがかかり，ケガをしやすくなる。
- ボトムポジション（最下点）で，大腿が床と平行になっていない。
- 動作を始める時に，股関節を後ろに動かすのではなく，膝を前に動かし，踵を浮かせてしまう。
- ダンベルを，コントロールしながらではなく速い動作で下ろしてしまう。

ジャンプスクワット

動作とポイント

1. 腕を体側に沿って伸ばし，ダンベルを持つ。
2. スタンスを肩幅にとる。
3. 背中をまっすぐにし，頭が下がらないようにする。
4. 姿勢を維持しながら，股関節を後ろに動かし，スクワット動作を始める。
5. 最大の垂直跳びを行う時と同じ位置まで大腿を下ろす。
6. 下降動作では，足裏を床につけたままにする。膝は，つま先よりも少し前，真上，少し後ろのいずれかに位置させる。
7. ジャンプ動作を行う。殿部を最初に持ち上げるのではなく，頭からジャンプする。背中をまっすぐにし，頭を下げないようにする。着地時にスタートポジションに戻る。
8. 設定された回数のジャンプを行う。

 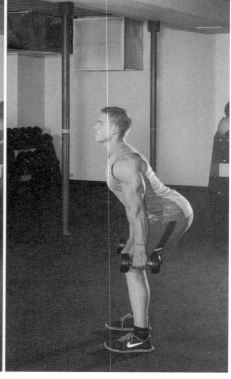

よく起こるエラー

- エクササイズ中，背中を丸めてしまうと，腰部に過度なストレスがかかり，ケガを しやすくなる。
- ボトムポジションで，垂直跳びを行う時と同じ深さまで行っていない。
- 動作を始める時に，股関節を後ろに動かすのではなく，膝を前に動かし，踵を浮か せてしまう。
- 各レップのジャンプを可能な限り速く行えず，レップ間の接地時間が長くなってし まう。

シングルレッグ・スクワット

動作とポイント

1. 腕を体側に沿って伸ばし，ダンベルを持つ。
2. スタンスを肩幅にとる。
3. 背中をまっすぐにし，頭が下がらないようにする。
4. 右脚を後ろに伸ばし，足を膝の高さのベンチやプライオボックスの上に乗せる。
5. ランジ姿勢をとれるように，左足をベンチから十分離して前に置く。
6. 姿勢を維持しながら，股関節を後ろに動かし，スクワット動作を始める。
7. 左大腿が床と平行になるまでしゃがむ。股関節の中心が膝関節の中心と同じ高さに来るはずである。
8. 前足の踵は床についたままにする。前脚の膝は，つま先よりも少し前，真上，少し後ろのいずれかに位置させる。
9. 殿部を最初に持ち上げるのではなく，頭からスタートポジションに戻る。背中をまっすぐにし，頭が下がらないようにする。

よく起こるエラー

- エクササイズ中に背中を丸めると，腰部に過度なストレスがかかり，ケガをしやすくなる。
- ボトムポジションで，前脚の大腿が床と平行になっていない。
- 動作を始める時に，股関節を後ろに動かすのではなく，膝を前に動かし，踵を浮かせてしまう。
- ダンベルを，コントロールしながらではなく速い動作で下ろしてしまう。

シングルレッグ・ジャンプスクワット

動作とポイント

1. 肩の高さにダンベルを持つ。
2. スタンスを肩幅にとる。
3. 背中をまっすぐにし，頭が下がらないようにする。
4. 右脚を後ろに伸ばし，足を膝の高さのベンチやプライオボックスの上に乗せる。
5. ランジ姿勢がとれるように，左足をベンチから十分離して前に置く。
6. 姿勢を維持しながら，股関節を後ろに動かし，スクワット動作を始める。
7. 最大の垂直跳びを行う時と同じ位置まで左大腿を下ろす。
8. ジャンプする。踵は直前まで床につけておく。
9. 前脚の膝は，つま先よりも少し前，真上，少し後ろのいずれかに位置させる。
10. 背中をまっすぐにし，頭が下がらないようにする。
11. 設定されたレップ数のジャンプ動作を素早く行う。

<u>よく起こるエラー</u>

- エクササイズ中に背中を丸めると，腰部に過度なストレスがかかり，ケガをしやすくなる。
- ボトムポジションで，前脚の大腿が床と平行になっていない。
- 動作を始める時に，股関節を後ろに動かすのではなく，膝を前に動かし，踵を浮かせてしまう。
- 最大の垂直跳びを行う時と同じ深さまで行っていない。
- 各レップのジャンプを可能な限り速く行えず，レップ間の接地時間が長くなってしまう。

フロントスクワット

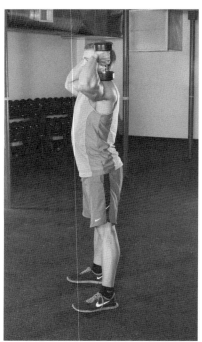

動作とポイント

1. 腕を体側に沿って伸ばし，ダンベルを持つ。
2. ダンベルを縦の向きに肩の上に乗せる。肘を高く持ち上げ，ダンベルの上端の位置が下端よりも低くならないようにする。
3. スタンスを肩幅にとる。
4. 背中をまっすぐにし，頭が下がらないようにする。
5. 姿勢を維持しながら，股関節を後ろに動かし，スクワット動作を始める。
6. 大腿が床と平行になるまでしゃがむ。股関節の中心が膝関節の中心と同じ高さに来るはずである。
7. 踵を床につけたままにする。膝は，つま先より少し前，真上，少し後ろのいずれかに位置させる。
8. 殿部を最初に持ち上げるのではなく，頭からスタートポジションに戻る。背中をまっすぐにし，頭が下がらないようにする。

よく起こるエラー

- エクササイズ中に背中が丸くなってしまう（これを避けるため，肘を高い位置に保つ）。
- ボトムポジションで，大腿が床と平行になっていない。
- 動作を始める時に，股関節を後ろに動かすのではなく，膝を前に動かし，踵を浮かせてしまう。
- コントロールしながらではなく，速い動作でしゃがんでしまう。

シングルレッグ・フロントスクワット

動作とポイント

1. 腕を体側に沿って伸ばし，ダンベルを持つ。
2. ダンベルを縦の向きに肩の上に乗せる。肘を高く持ち上げ，ダンベルの上端の位置が下端よりも低くならないようにする。
3. スタンスを肩幅にとる。
4. 背中をまっすぐにし，頭が下がらないようにする。
5. 右脚を後ろに伸ばし，足を膝の高さのベンチやプライオボックスの上に乗せる。
6. ランジ姿勢がとれるように，左足をベンチから十分離して前に置く。
7. 姿勢を維持しながら，股関節を後ろに動かし，スクワット動作を始める。
8. 左大腿が床と平行になるまでしゃがむ。股関節の中心が膝関節の中心と同じ高さに来るはずである。
9. 前足の踵を床につけたままにする。前脚の膝は，つま先より少し前，真上，少し後ろのいずれかに位置させる。
10. 殿部を最初に持ち上げるのではなく，頭からスタートポジションに戻る。背中をまっすぐにし，頭が下がらないようにする。

よく起こるエラー

- エクササイズ中に背中が丸くなってしまう。
- ボトムポジションで，大腿が床と平行になっていない。
- 動作を始める時に，股関節を後ろに動かすのではなく，膝を前に動かし，踵を浮かせてしまう。
- コントロールしながらではなく，速い動作でしゃがんでしまう。

ゴブレットスクワット

動作とポイント

1. スタンスを腰幅にとって立つ。
2. 手のひらを外に向け，ダンベルを縦の向きに持つ。
3. 両手で，ダンベル上端の内側を持ち，胸の上部の高さに持ち上げ維持する。
4. 殿部を足首に向かって動かし始める。
5. 大腿が床と平行になるか，殿部が膝よりも下に位置するところまでしゃがむ。
6. 動作中，背中をまっすぐにし，肩が常に股関節の真上に位置するようにする。
7. エクササイズ中，ダンベルを胸の上部に密着させておく。

よく起こるエラー

- エクササイズ中に背中を丸めると，腰部に過度なストレスがかかり，ケガをしやすくなる。
- 大腿が床と平行になるか，殿部が膝よりも下に位置するところまでしゃがめていない。
- ダンベルが体から離れてしまい，背中が丸くなってしまう。
- 下降動作で，コントロールしながらではなく速い動作でしゃがんでしまう。

スモウ・デッドリフト

動作とポイント

1. ダンベルの片方の端を床に置く。
2. スタンスを肩幅よりも広くし，ダンベルを体の中心線上に位置させる。
3. 背中をまっすぐにし頭が下がらないようにしながらしゃがみ，ダンベルの上部を両手で持つ。正しい背中の角度を維持したまま，ダンベルを持ち上げて体に近づけ，そのまま立ち上がる。ダンベルの上端が腰部の高さくらいに来るはずである。
4. コントロールしながらスタートポジションに戻り，上記の動作を繰り返す。

よく起こるエラー

- 上昇動作，あるいは下降動作で，背中を丸めてしまう。
- ボトムポジションでダンベルがわずかに床に触れるところまで下がっていない，もしくはトップポジションで膝関節と股関節が完全に伸展せず，全可動域を使っていない。
- 特に下降する時に，動作が速くなりすぎてしまう。

ラテラルスクワット

動作とポイント

1. 腕を体側に沿って伸ばし，ダンベルを肩の真下に位置するように持つ。
2. 肩幅よりもかなり広めにスタンスをとる。
3. 右脚をまっすぐに保ったまま，左側に向かってしゃがむ。
4. 股関節を可能な限り大きな可動域で動かす。
5. 左脚の膝は，つま先よりも少し前，真上，少し後ろのいずれかに位置させる。
6. 背中をまっすぐにし，頭が下がらないようにする。
7. スタートポジションに戻ったら，逆側に同じ動作を行い，設定されたレップ数を繰り返す。

よく起こるエラー

- 背中をまっすぐに維持できずに丸めてしまう。
- 股関節を全可動域で動かすことができない。
- まっすぐにしておくべき側の脚を曲げてしまう（左側にしゃがむ際，右脚は完全に伸展していなければならない）。

ランジ

動作とポイント

1. 腕を体側に沿って伸ばし，ダンベルを持つ。
2. スタンスを肩幅にとる。
3. 左足をそのままの位置に維持したまま，右足を前に大きく踏み出す。
4. 前に踏み出したポジションでは，右膝をつま先よりもやや前にし，左脚を床につかない程度に曲げる。背中をまっすぐにし，頭が下がらないようにする。
5. 右足を強く踏んで1歩でスタートポジションに戻したら，左脚で同じ動作を繰り返す。

よく起こるエラー

- 背中をまっすぐに維持できずに丸めてしまう。
- 前方に大きく踏み出せない。
- 後ろ脚の膝が床についてしまう。
- 1つの動作でスタートポジションに戻れず，十分な強度でトレーニングできない。

サイドランジ

動作とポイント

1. 腕を体側に沿って伸ばし，ダンベルを肩の真下に位置するように持つ。
2. スタンスを肩幅にとる。
3. 右脚をまっすぐに保ったまま，左足を左方向に大きく踏み出す。
4. 左足が接地したら，殿部を後ろに引きながら可能な限り低い位置まで下ろす。
5. 背中をまっすぐにし，頭が下がらないようにする。
6. 左足を強く踏んで，1歩でスタンスを肩幅に戻す。
7. レップごとに踏み出す方向を変える。

よく起こるエラー

- 背中をまっすぐに維持できずに丸めてしまう。
- 軸脚をまっすぐに維持できずに曲げてしまう。
- 1つの動作で肩幅のスタンスに完全に戻ることができない（反対方向に踏み出す前に，いったん肩幅のスタンスに完全に戻らなくてはならない）。

ホッケーランジ

動作とポイント

1. 腕を体側に沿って伸ばし，ダンベルを持つ。
2. スタンスを肩幅にとる。
3. 右足をそのままの位置に維持したまま，肩幅より 45 〜 60 cm 広くなるように，25 〜 30° の角度で左足を大きく踏み出す。
4. 前に踏み出したポジションでは，左膝をつま先よりもやや前にし，右脚を床につかない程度に曲げる。背中をまっすぐにし，頭が下がらないようにする。
5. 左足を強く踏んで，1 歩でスタートポジションに戻したら，右脚で同じ動作を繰り返す。
6. 強く踏み込んで，1 歩でスタンスを肩幅に戻す。

よく起こるエラー

- 背中をまっすぐに維持できずに丸めてしまう。
- 全可動域を使って踏み出せていない。
- 横への踏み出しが狭すぎる。
- 後ろ脚の膝が床についてしまう。
- 1 つの動作でスタートポジションに戻れない。

アークランジ

動作とポイント

1. 腕を体側に沿って伸ばし，ダンベルを持つ。
2. スタンスを肩幅にとる。
3. 前方の床に半円をイメージする。踏み出す足はその半円の上に置く。
4. 設定されたレップ数で半円を分割する。1レップ目に半円の左端，最後のレップで右端の部分に足をつくようにする。半円に沿って，そえぞれのステップを強く踏む。
5. 右脚は伸ばしたまま，左足で半円の左端の方向へ横に踏み出す。
6. 左足が接地したら，殿部を後ろに引きながら可能な限り低い位置まで下ろす。
7. 背中をまっすぐにし，頭が下がらないようにする。
8. 強く踏み込んで，肩幅にスタンスを戻す。
9. レップごとに，踏み出す足を変える。
10. レップごとに，半円の反対側へ向かって踏み出す足を変えていく。踏み出す足は，徐々に半円の中心，さらに反対側へと移動する。まっすぐ前に踏み出すことはない。
11. 半円の端から端まで，設定されたレップ数を終了するまで継続する。

よく起こるエラー

- 背中をまっすぐに維持できずに丸めてしまう。
- 肩幅のスタンスに完全に戻ることができない。
- 半円の端から端まで踏み出していない。
- 角度をつけて踏み出さず，半円の中心にまっすぐ踏み出してしまっている。
- 全可動域を使って動作を行っていない。

知ってる？

　加齢とともに可動性が低くなることは，一般的な社会問題である。この問題の一番の要因として，下半身の筋力低下があげられる。レジスタンストレーニングのプログラムを若年期に始め，高齢になってからも継続することで，この問題を回避できる。しかし，すでに高齢に達していたとしても，下半身の筋力を向上させることは可能であり，可動性を向上させたり維持することに非常に有効である。

リバースランジ

動作とポイント

1. 腕を体側に沿って伸ばし，ダンベルを持つ。
2. スタンスを肩幅にとる。
3. 左足をその場所に維持したまま，右足を後ろに大きく踏み出す。
4. 後ろに踏み出したポジションでは，左膝をつま先よりもやや前にし，右脚を膝が床につかない程度に曲げる。背中をまっすぐにし，頭が下がらないようにする。
5. 左足を強く踏んで，1歩でスタートポジションに戻したら，右脚で同じ動作を繰り返す。

よく起こるエラー

- 背中をまっすぐに維持できずに丸めてしまう。
- 後方に大きく踏み出せていない。
- 後ろ脚の膝が床についてしまう。
- 1つの動作でスタートポジションに戻れない。

ピボットランジ

動作とポイント

1. 腕を体側に沿って伸ばし，ダンベルを持つ。
2. スタンスを肩幅にとる。
3. 足を置く位置として時計をイメージする。両足が時計の中心にあり，12時の方向を向いているところからスタートする。左足を軸足として，体を右に捻り，4時〜6時の方向にランジする。体を右に捻りながら，右後ろに右足で踏み出す。
4. 右膝をつま先よりもやや前にし，左脚を床につかない程度に曲げる。背中をまっすぐにし，頭が下がらないようにする。
5. 右足を強く踏んで，1歩でスタートポジションに戻る。
6. 反対方向に同じ動作を繰り返す。
7. レップごとに，ピボットの角度と足を置く位置を変える。

よく起こるエラー

- 背中をまっすぐに維持できずに丸めてしまう。
- ピボットポジションに大きく踏み出せていない。
- 後ろ脚の膝が床についてしまう。
- 1つの動作でスタートポジションに戻れない。

ストレートレッグ・デッドリフト

動作とポイント

1. 腕を体側に沿って伸ばし，ダンベルを持つ。
2. スタンスを肩幅にとる。
3. 膝をいったんロックした後に緩める。こうすることで，スタートポジションの確認が容易になる。エクササイズ中，この膝を少し緩めた状態を維持する。
4. エクササイズ中は，背中をまっすぐにし，頭が下がらないようにする。
5. 股関節でヒンジ（蝶番）動作を行い，脚の側面に沿ってダンベルを下ろす。全可動域で膝を少し緩めた状態を維持する。可動域については個人差があり，腰部やハムストリングスの柔軟性によって決まる。膝はロックせず，ほぼまっすぐだが少し緩めていることが重要である。動作は膝関節ではなく股関節で行う。
6. 膝と背中のポジションを維持しながら，スタートポジションに戻る。

よく起こるエラー

- 背中をまっすぐに維持できずに丸めてしまう。
- 膝を過度に屈曲してしまう。
- ダンベルが脚の側面ではなく，前部を移動してしまう。
- 全可動域を使って動作を行っていない。

シングルレッグ・ストレートレッグ・デッドリフト

動作とポイント

1. 手のひらを内側に向けてダンベルを持つ。
2. 左足を床から浮かせる。
3. 右膝を少し曲げて，ダンベルをできるだけ広い可動域で床に向かって下ろす。すべ ての動作は股関節で行う。つまり，ダンベルを床に向かって下ろす時に，右膝を少 し曲げ，背中をまっすぐにした状態を維持する。
4. スタートポジションに戻る。浮かせている側の足は，次のレップに入る前に少しだ け床についてもよい。
5. 右脚で設定されたレップ数を行う。
6. 左脚で設定されたレップ数を行う。

よく起こるエラー

- 支持脚の膝を過度に屈曲してしまう（エクササイズ中，膝を少し曲げた状態を維持 しなければならない）。
- ダンベルを下ろす時に，股関節を動かすのではなく，腰部を丸めてしまう。
- ダンベルを下ろす時に，体から離れてしまう（ダンベルは，体にできるだけ近いと ころを動かなくてはならない）。

レッグカール

動作とポイント

1. 両足の間にダンベルを縦向きに挟む。両膝がベンチの端のすぐ外に位置するようにうつ伏せになり，体を安定させるために両手でベンチを持つ。
2. ゆっくりと膝を曲げ，ダンベルをできる限り殿部に近づけた後，膝をゆっくりと完全に伸ばして，ダンベルを下ろす。

よく起こるエラー

- 骨盤前部をベンチから浮かせてしまう（エクササイズ中，骨盤前部はベンチにつけておかなければならない）。
- 膝を屈曲する時，伸ばす時に，可能な限り大きな可動域で動作を行っていない。
- 動作を行うのが速すぎる（反動を使わずに動作を行わなければならない）。

ステップアップ

動作とポイント

1. 腕を体側に沿って伸ばし，ダンベルを持つ。
2. プライオボックスやステップ台などの後ろに立ち，左足をその上に乗せる。左膝が右股関節よりも 2.5 〜 5 cm 高くなるような高さのものを選ぶ。
3. 左脚で体を持ち上げ，右足をステップ台の上に乗せ，肩幅のスタンスにする。
4. 右足をステップ台に置いたまま左足を下ろす。右足がステップ台の上，左足が床にある状態で，両足は肩幅のスタンスにする。
5. 設定されたレップ数を，脚を入れ替えながら行う。

よく起こるエラー

- 床についている方の脚で補助をして体を持ち上げてしまう（ステップ台の上にある方の脚だけで体を持ち上げなければならない）。
- 直立姿勢を維持できず，背中を丸めたり前傾したりしてしまう。
- コントロールしながら動作を行えない。

カーフレイズ

動作とポイント

1. 左腕を体側に沿って伸ばし，ダンベルを持つ。
2. 左足のつま先を階段やステップ台の上に乗せる。ステップ台の高さは，少なくとも5 cm以上とする。
3. 右膝を少し曲げ，右足を床から浮かせる。エクササイズ中，右足を床につけないようにする。
4. 体を安定させるために，右手で何かにつかまる。右手はバランスをとるためだけに使い，エクササイズの補助にならないようにする。
5. 左の下腿だけを使い，踵をできるだけ高く上げる。
6. 左の踵をステップ台より下まで下ろす。
7. コントロールしながら動作を行う。左側が終了したら，右側で同じ動作を繰り返す。

よく起こるエラー

- 全可動域で動作を行っていない。
- バランスをとるのではなく，動作を補助するために手を使ってしまう。
- 反動を使い，動作を行うのが速くなりすぎてしまう（コントロールしながら動作を行わなければならない）。

第6章

体幹部のエクササイズ

　体幹部をトレーニングするのは，美容上の理由から，いわゆる「シックスパック」(腹筋が割れた状態)を得るためである場合が多い。一般的なフィットネスで，外見のためのトレーニングを行うのであれば，これは理にかなった目標である。また，アスリートであってもなくても，体幹部をトレーニングすることは，スポーツや日常生活においてパフォーマンスを向上させる効果がある。

　体幹部のトレーニングというと，腹筋群の強化に目が行きがちであるが，腰部の筋群も体幹に含まれる。強い腰部と強い腹筋群が兼ね備わっていることが，パフォーマンスと健康にとって重要である。さらに，体幹部の強化は，下半身を起点とした力を上半身に移行しやすくし，屈んだ姿勢から子どもを抱え上げたり，バットやゴルフクラブを振ったりといった動作を効率化する。

　筋力の向上は，トレーニングによるオーバーロード（過負荷）によって起こる。残念ながら多くの人は，低強度高レップで，例えば1セットを100レップで行って体幹部を強化しようと誤った試みをする。体幹部は，主にタイプⅠ線維（遅筋線維）からできているが（直立姿勢を長時間維持するため），最大限強化するためには高強度のトレーニングを必要とする。ここで紹介するエクササイズは，筋にオーバーロードを課すためにダンベルを使用する。通常，8〜25レップでエクササイズを行うが，レップ数に見合った十分な負荷をかけるべきである。筋力を向上させるために100レップのスクワットを行わないのと同様に，体幹部をトレーニングする場合も高強度でトレーニングすることが正しい。

知ってる？

　体幹部をトレーニングするのは，シックスパックにするためだと考えている人が多い。しかし，体幹部は腹筋群と腰部の筋群からなり，この部分を強化することは，シックスパック以上に重要である。強い体幹部は，効果的な動作やケガの予防，腰部痛予防に不可欠なのである。

腹筋群

腹部の主要な筋として，腹直筋，腹斜筋，腹横筋があげられる。

クランチ

動作とポイント

1. 膝を曲げ，足裏全体を床につけて，仰向けになる。
2. ダンベルを横向きにして，両端を持ち，胸の上部に置く。
3. ダンベルを胸の上部に置いたまま，顔を天井につけようとするように上半身を真上に起こす。正しいテクニックで，上背部を床から可能な限り高く持ち上げる。シットアップではなくクランチなので，背骨を屈曲しないように気をつける。頭部と胸を真上に持ち上げる。
4. 上背部を床につけるまで下ろしたら，次のレップを始める。
5. 2秒で上半身を持ち上げ，2秒で下ろす。

よく起こるエラー

- ダンベルを胸の上部に維持できず，下がってしまう（エクササイズ中，ダンベルを最初の位置に維持しなければならない）。
- 顔を天井に向かって動かすのではなく，壁の方へ向けてしまう（クランチ動作では，体を真上に持ち上げなくてはならない）。
- レップ間に，上背部を床につけて休んでしまう。
- 全可動域を使ってエクササイズを行っていない。

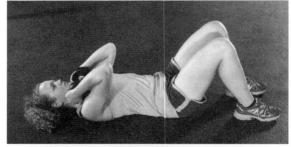

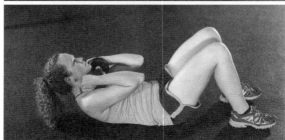

デクライン・クランチ

動作とポイント

1. デクラインベンチに仰向けになる。15°の角度から始め，筋力が上がるにしたがって，徐々に角度を大きくしていく。角度が大きくなっても，正しいテクニックを保つようにしなければならない。
2. 膝を曲げ，脚をパッドに固定して，体を安定させる。
3. ダンベルを横向きにして，両端を持ち，胸の上部に置く。
4. ダンベルを胸の上部に置いたまま，顔を天井につけようとするように上半身を真上に起こす。シットアップではなくクランチなので，背骨を屈曲しないように気をつける。

よく起こるエラー

- ダンベルを胸の上部に維持できず，下がってしまう。
- 顔を天井に向かって動かすのではなく，壁の方へ向けてしまう。
- レップ間に，上背部をベンチにつけて休んでしまう。
- 全可動域を使ってエクササイズを行っていない。

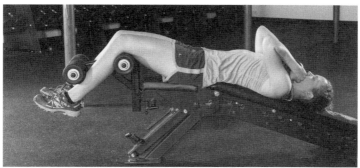

ツイスティング・クランチ

動作とポイント

1. 膝を曲げ，足裏全体を床につけて仰向けになる。
2. ダンベルを横向きにして，両端を持ち，胸の上部に置く。
3. ダンベルを胸の上部に置いたまま，左肩を天井につけようとするように，捻りながら上半身を起こす。
4. シットアップではなくクランチなので，背骨を屈曲しないように気をつける。頭部と左肩を真上に持ち上げる。
5. スタートポジションに戻り，反対方向に同じ動作を繰り返す。

よく起こるエラー

- ダンベルを胸の上部に維持できず，下がってしまう。
- 顔を天井に向かって動かすのではなく，壁の方へ向けてしまう。
- 上半身を持ち上げる動作と捻る動作を同時に行っていない。
- レップ間に，上背部を床につけて休んでしまう。
- 全可動域を使ってエクササイズを行っていない。

デクライン・ツイスティング・クランチ

動作とポイント

1. デクラインベンチに仰向けになる。15°の角度から始め, 筋力が上がるにしたがって, 30°まで徐々に角度を大きくしていく。
2. 膝を曲げ, 脚をパッドに固定して, 体を安定させる。
3. ダンベルを横向きにして, 両端を持ち, 胸の上部に置く。ダンベルを胸の上部に置いたまま, 左肩を天井につけようとするように捻りながら, 上半身を起こす。

よく起こるエラー

● ダンベルを胸の上部に維持できず, 下がってしまう。
● 顔を天井に向かって動かすのではなく, 壁の方へ向けてしまう。
● 上半身を持ち上げる動作と捻る動作を同時に行っていない。
● レップ間に, 上背部をベンチにつけて休んでしまう。
● 全可動域を使ってエクササイズを行っていない。

トウタッチ

動作とポイント

1. 床の上に仰向けになる。
2. 縦向きにしたダンベルの上端の内側を両手で持つ。
3. 腕を伸ばして，ダンベルを顔の真上に持ち上げる。
4. 脚をまっすぐにしたまま，足が股関節の真上より 10 ～ 15 cm 奥に来る（床から
   の角度が 90°になる手前）まで持ち上げる。
5. 上半身を持ち上げ，ダンベルをつま先に向かって押し上げる。ダンベルをつま先に
   つけることができるかどうかは，胴体の長さと柔軟性による。
6. 上背部を床につけるまで下ろしたら，すぐに動作を繰り返す。ボトムポジションで
   休まない。

よく起こるエラー

- 膝を完全に伸ばしていない。
- 足を股関節の真上まで上げてしまう（足は股関節の真上より 10 ～ 15 cm 奥に位
  置させなければならない）。
- レップ間に，上背部を床につけて休んでしまう。
- 全可動域を使ってエクササイズを行っていない。

オルタネイティング・トウタッチ

動作とポイント

1. 床の上に仰向けになる。
2. 縦向きにしたダンベルの上端の内側を両手で持つ。
3. 腕を伸ばして，ダンベルを顔の真上に持ち上げる。
4. 脚をまっすぐにしたまま，足が股関節の真上より 10 ～ 15 cm 奥に来るまで持ち上げる。
5. 上半身を捻りながら持ち上げ，ダンベルを左足の外側に向かって押し上げる。ダンベルをつま先につけることができるかどうかは，胴体の長さと柔軟性による。
6. 上背部を床につけるまで下ろしたら，すぐに動作を繰り返す。ボトムポジションで休まない。
7. 右側で同じ動作を繰り返す。

よく起こるエラー

- 膝を完全に伸ばしていない。
- 足を股関節の真上まで上げてしまう（足は股関節の真上より 10 ～ 15 cm 奥に位置させなければならない）。
- レップ間に，上背部を床につけて休んでしまう。
- 全可動域を使ってエクササイズを行っていない。
- ダンベルが脚の外側に触れるまで十分に体を捻っていない。

Ｖアップ

動作とポイント

1. 脚を完全に伸ばし，床に仰向けになる。
2. 両手でダンベルの上端の内側を持つ。
3. ダンベルの下端を床につけたまま，完全に伸ばした腕が，頭上に来るようにする。
4. 腕と脚を伸ばしたまま，ダンベルと脚が触れるところまで，同時に持ち上げる。
5. 上背部を床につけるまで下ろしたら，すぐに動作を繰り返す。ボトムポジションで休まない。

よく起こるエラー

- 腕と脚がまっすぐになっていない。
- 上半身を可能な限り上まで持ち上げていない（ダンベルをできるだけ足に近づけなければならない）。
- ボトムポジションで上背部を床につけて休んでしまう。

オルタネイティング・Vアップ

動作とポイント

1. 脚を完全に伸ばし，床に仰向けになる。
2. 両手でダンベルの上端の内側を持つ。腕を完全に伸ばし，ダンベルを頭上に保ったまま，その下端を床につける。
3. ダンベルが左脚の外側に触れるように体を捻りながら，腕と脚を伸ばしたまま同時に持ち上げる。床からの角度が90°になる手前まで脚を持ち上げる。
4. 上背部と脚を床につけるまで同時に下ろしたら，すぐに動作を繰り返す。ボトムポジションで休まない。
5. 右側で同じ動作を繰り返す。

よく起こるエラー

- 腕と脚がまっすぐになっていない。
- 上半身を可能な限り上まで持ち上げていない（ダンベルをできるだけ足に近づけなければならない）。
- ボトムポジションで上背部を床につけて休んでしまう。

プレスクランチ

動作とポイント

1. 膝を曲げ，足裏全体を床につけて仰向けになる。
2. 縦向きにしたダンベルの上端の内側を両手で持つ。
3. 腕を伸ばして，ダンベルを胸の真上に持ち上げる。
4. 上半身を持ち上げ，ダンベルを天井に向かって押し上げる。
5. 上背部を床につけるまで下ろしたら，すぐに動作を繰り返す。ボトムポジションで休まない。

よく起こるエラー

- 腕がまっすぐになっていない。
- ボトムポジションで上背部を床につけて休んでしまう。
- 上半身を可能な限り上まで持ち上げていない。

知ってる？

体幹部をトレーニングすることで，腹回りの脂肪を減少させることができると誤解されがちである。腹筋をトレーニングすれば，体幹部を強化することができるが，脂肪減少は起こらない。体脂肪の減少のためには，正しい栄養とエクササイズが必要である。

デクライン・プレスクランチ

動作とポイント

1. デクラインベンチに仰向けになる。15°から始め，筋力が上がるにしたがって，徐々に角度を大きくしていく。
2. 膝を曲げ，脚をパッドに固定して，体を安定させる。
3. ダンベルの上端の内側を持ち，腕を伸ばし，ダンベルを胸の上に持ち上げる。
4. 上半身を持ち上げ，ダンベルを天井に向かって押し上げる。
5. 上背部を床につけるまで下ろしたら，すぐに動作を繰り返す。ボトムポジションで休まない。

よく起こるエラー

- 腕がまっすぐになっていない。
- ボトムポジションで上背部をベンチにつけて休んでしまう。
- 上半身を可能な限り上まで持ち上げていない。

━━ オルタネイティング・プレスクランチ ━━

動作とポイント

1. 膝を曲げ，足裏全体を床につけて仰向けになる。
2. 縦向きにしたダンベルの上端の内側を両手で持ち，腕を伸ばし，胸の真上に持ち上げる。
3. 上半身を持ち上げ，ダンベルを左脚の外側に向けながら，天井に向かって押し上げる。
4. 上背部を床につけるまで下ろしたら，すぐに動作を繰り返す。ボトムポジションで休まない。
5. 右側で同じ動作を繰り返す。

よく起こるエラー

- 腕がまっすぐになっていない。
- ボトムポジションで上背部を床につけて休んでしまう。
- 上半身を可能な限り上まで持ち上げていない。
- ダンベルを脚の外側に向かって動かしていない。

デクライン・オルタネイティング・プレスクランチ

動作とポイント

1. デクラインベンチに仰向けになる。15°から始め，筋力が上がるにしたがって，徐々に角度を大きくしていく。
2. 膝を曲げ，脚をパッドに固定して，体を安定させる。
3. ダンベルの上端の内側を両手で持ち，腕を伸ばし，胸の上にダンベルを持ち上げる。
4. 上半身を持ち上げ，ダンベルを左脚の外側に向けながら，天井に向かって押し上げる。
5. 上背部を床につけるまで下ろしたら，すぐに動作を繰り返す。ボトムポジションで休まない。
6. 右側で同じ動作を繰り返す。

よく起こるエラー

- 腕がまっすぐになっていない。
- ボトムポジションで上背部をベンチにつけて休んでしまう。
- 上半身を可能な限り上まで持ち上げていない。
- ダンベルを脚の外側に向かって動かしていない。

レッグレイズ

動作とポイント

1. 脚を伸ばし，手のひらを下に向けた状態で腕を体側に置き，背中をまっすぐにして，床に仰向けになる。
2. 両足でダンベルをはさむ。
3. ダンベルの一方の端は靴底の方へ，もう片方の端は靴紐の方に向ける。
4. 膝を少し曲げたまま，ダンベルが股関節の真上に来るように，脚を持ち上げる。
5. コントロールしながら，ダンベルを床につく手前まで下ろす。
6. 設定されたレップ数を繰り返す。

よく起こるエラー

- 膝を過度に曲げてしまう（膝は少し曲げた状態を維持しなければならない）。
- ダンベルを股関節の真上まで持ち上げていない。
- ダンベルを床につくまで下ろしてしまう。

アブホイール

動作とポイント

1. 床に膝をつき，ダンベルを膝の前に置く。
2. 両手をそろえてダンベルのハンドル部分を持つ。
3. 腕を伸ばしたまま，腹部と胸部が床に近づくまで，ダンベルを転がして前に押し出し，それからスタートポジションに戻す。
4. 体幹部をタイトにし（腹圧を高め），背中をまっすぐに保つ。

よく起こるエラー

- 胸部，腹部，大腿部がしっかりと床に近づく前に動作を止めてしまう。
- スタートポジションまで完全に戻っていない。
- エクササイズ中，背中を丸めたり，反らせたりしてしまう。

サイドベンド

動作とポイント

1. 立った姿勢で，片手にダンベルを持つ。
2. 腕を伸ばし，ダンベルを大腿の横につけて肩の真下に持つ。
3. 反対側の手は，手のひらを下に向け，ウエストに置く。
4. 体を横に倒して行き，ダンベルを大腿の横につけたまま可能な限り下まで下ろし，スタートポジションに戻す。設定されたレップ数を繰り返し，逆側に同じ動作を行う。
5. エクササイズ中，ダンベルが体から離れないようにする。

よく起こるエラー

- 全可動域を使って動作を行っていない。
- ダンベルを体から離してしまう。
- 脊柱を斜め前に倒してしまう。
- ダンベルをコントロールしながら動かしていない。

ロシアンツイスト

動作とポイント

1. 膝を曲げ，踵をつけて，床に座る。
2. 体を少し後ろに傾ける。
3. ダンベルを胸の上部に横向きに持つ。
4. 体幹部を左右に可能な限り深く捻る。
5. 筋力レベルが上がったら，腕を伸ばしてダンベルと体幹部の距離を長くする。

よく起こるエラー

- 背中を丸めてしまう（背中をまっすぐにした姿勢を維持しなければならない）。
- 体幹部を捻る時に，全可動域で行っていない。
- ダンベルを持つ位置が低すぎる（ダンベルは胸の位置に，筋力レベルが上がったら胸の高さに持たなければならない）。

腰　部

腰部の主要な筋として，脊柱起立筋，腹斜筋，大殿筋，大内転筋があげられる。

バックエクステンション

動作とポイント

1. バックエクステンション用のベンチにうつ伏せになる。インクラインベンチにうつ伏せになり，パートナーに脚を押さえてもらい，ウエストから上をベンチから出すようにしてもよい（右ページの写真はインクラインベンチの例）。
2. 胸の上部に，横向きにダンベルを持つ。
3. ウエストを曲げて，スタートポジションをとる。このポジションでは，頭部を床に近づけ，肩を股関節の真下に位置させる。
4. 背中をまっすぐにしたまま股関節を伸展させ，反動を使わずに体幹部を持ち上げる。
   - バックエクステンション用のベンチを使用する場合，肩関節の中心が股関節の中心と同じ高さになるように体幹部を持ち上げる。
   - インクラインベンチを使用する場合，肩関節の中心が，股関節，膝関節，足関節の中心と一直線になるように体幹を持ち上げる。
5. コントロールしながら，肩が股関節の真下に位置するまで体を下ろす。背中をまっすぐにしたまま，頭部をできるだけ床に近づけるようにする。

よく起こるエラー

- 体をボトムポジションまで完全に下ろしていない。
- トップポジションで，十分な高さまで体が持ち上がっていない（肩関節と股関節が一直線上になければならない。この高さより上に体を持ち上げてはいけない）。
- 反動を使って体幹部を持ち上げてしまっている。
- 体をコントロールしながら下ろしていない。

ツイスティング・バックエクステンション

動作とポイント

1. バックエクステンション用のベンチにうつ伏せになる。インクラインベンチにうつ伏せになり，パートナーに脚を押さえてもらい，ウエストから上をベンチから出すようにしてもよい（右ページの写真はインクラインベンチの例）。
2. 胸の上部に，横向きにダンベルを持つ。
3. ウエストを曲げて，スタートポジションをとる。このポジションでは，頭部を床に近づけ，肩を股関節の真下に位置させる。
4. 背中をまっすぐにしたまま反動を使わずに，体を捻りながら股関節を伸展させ，体幹部を持ち上げる。トップポジションで右肩が天井を向くようにする。
5. コントロールしながら体を下げ，スタートポジションに戻す。
6. 反対側に体を捻り，同じ動作を繰り返す。
   - バックエクステンション用のベンチを使用する場合，肩関節の中心が股関節の中心と同じ高さになるように体幹部を持ち上げる。
   - インクラインベンチを使用する場合，肩関節の中心が，股関節，膝関節，足関節の中心と一直線になるように体幹部を持ち上げる。

よく起こるエラー

- 完全にボトムポジションまで下ろしていない。
- トップポジションで，十分な高さまで体が持ち上がっていない，あるいは高すぎるところまで持ち上げてしまっている（肩関節と股関節が一直線上になければならない。この高さより上に体を持ち上げてはいけない）。
- 反動を使って体幹部を持ち上げてしまっている。
- 体をコントロールしながら下ろしていない。

第7章

オリンピックリフティング： 全身のエクササイズ

オリンピックリフティングとは，下半身と上半身両方の大筋群を動員して行う，クリーン，ジャーク，スナッチなどのウエイトリフティング動作のことである。

ウエイトリフティング動作をトレーニングとして行うことには，多くの利点がある。最も重要なことは，これらのエクササイズが爆発的な動作で行われることで，加速局面でのパワー発揮を得ることができる点である。研究結果によって，ウエイトリフティング動作によるパワー発揮は，ベンチプレス，スクワット，デッドリフトといった従来のエクササイズによるパワー発揮を上回ることが証明されている。

日常生活や多くのスポーツにおいて，パワーを発揮する能力は，最大筋力を高めることよりも重要である。例えば，すべって転びそうになり，体勢を立て直す時には，最大筋力ではなく素早い動作が必要になる。同様に，自動車の運転中にアクセルペダルからブレーキペダルに踏み変える動作にも，最大筋力ではなくクイックネスが必要である。

ダンベルを用いてウエイトリフティング動作を行うことの有利な点は，バーベルではできないオルタネイティングやシングルアームなどのバリエーションを加えることができることである。また，オリンピックバーやバンパープレートといった機器を必要としないことも利点である。必要なものは，1組のダンベルとごくわずかなスペースだけである。

本書ではとり上げないが，パワーを向上させるトレーニング法として，プライオメトリックトレーニングもある。プライオメトリックトレーニングは，ストレッチ−ショー

知ってる？

加齢とともに，パワフルに動く能力は減少する。ウエイトリフティングは爆発的動作で行われ，またパワーを維持したり向上させるためには高速の動作が必要であることから，中高年者にとってこういったエクササイズは大変有効である。加齢に伴い，筋力とパワーを維持することは，大変重要となる。

トニングサイクルを利用した様々なエクササイズを用いる。このストレッチ−
ショートニングサイクルは，より爆発的な筋収縮を得ることができる。ウエイト
リフティング動作が日常生活にも利点があるのと同様に，プライオメトリックト
レーニングもアスリートであるなしにかかわらず有効な手段である。

　本章で紹介するエクササイズと前章までに紹介したエクササイズを組み合わせ
ることも可能である。例えば，スクワットからパワークリーン，またはフロント
スクワットからスプリット・オルタネイティングフット・ジャークといったバリ
エーションが可能である。創造力を使えば，組み合わせは無限にある。こういっ
たコンビネーションの利点の１つは，筋持久力の向上にも有効であることである。
さらに，筋肥大期にコンビネーションエクササイズを用いることで，多くの筋を
動員できる。本章では，いくつかのコンビネーションについても紹介する。

　本章で紹介するエクササイズの多くには，「ダンベルをキャッチする」という
記述がある。実際には，ダンベルが本当に手から離れ，受けとめなければならな
いわけではない。しかし多くのエクササイズで，ダンベルは高速で爆発的に動く。
「ダンベルをキャッチする」ということは，ダンベルを十分にコントロールし，
正しいポジションで，完全に静止させることを意味する。例えばダンベルクリー
ンでは，ジャンプ，シュラッグ，プルといった動作で，ダンベルを爆発的に脇の
下に向かって動かし，スクワット動作をしながら，肩の位置に安全に静止させる。

シングル・エクササイズ

プッシュプレス

動作とポイント

1. スタンスを肩幅にとり，ダンベルを持って肩に乗せる。
2. 垂直跳びを行う時の深さまでしゃがむ。踵は床につけておく。ボトムポジションに達したら，素早く立ち上がり，足で床を踏みつけ，その力を下半身，体幹部，上半身へと伝えていく。
3. このジャンプ動作を行うことで，キャッチ動作の際，安定したポジションをとる前に一度踵を床から浮かせることになる。この時の反動によって，ダンベルが肩から少し持ち上がる。
4. ダンベルが肩から離れたら，腕を伸ばし，肩の真上に押し上げる。
5. トップポジションで一旦静止してから，ダンベルを肩に戻し，次のレップを行う。

よく起こるエラー

- スタンスを，肩幅より広くしたり狭くしたりしてしまう。
- 動作を始める時に，股関節ではなく膝を屈曲してしまう。
- 動作を素早く切り返さず，ボトムポジションで止めてしまう。
- 下半身の力を使わず，肩の力だけでダンベルを持ち上げてしまう。
- ダンベルを持ち上げるのが速すぎる（下半身の力を使ってダンベルが肩から離れてから，ショルダープレスと同様のスピードで動作を行わなければならない）。
- ダンベルを肩に戻す前に，トップポジションで静止していない。

── オルタネイティング・プッシュプレス ──

動作とポイント

1. スタンスを肩幅にとり，ダンベルを持って肩に乗せる。
2. 垂直跳びを行う時の深さまでしゃがむ。踵は床につけておく。
3. ボトムポジションに達したら，素早く立ち上がり，足で床を踏みつけ，その力を下半身，体幹部，上半身へと伝えていく。この時の反動によって，ダンベルが少し肩から持ち上がる。このジャンプ動作を行うことで,キャッチ動作で安定したポジションをとる前に，一度踵を床から浮かせることになる。
4. ダンベルが肩から離れたら，右腕を伸ばし，肩の真上に押し上げる。
5. トップポジションで一旦静止してから，ダンベルを肩に戻し，次のレップを行う。
6. 左腕で同じ動作を繰り返す。

よく起こるエラー

- スタンスを，肩幅より広くしたり狭くしたりしてしまう。
- 動作を始める時に，股関節ではなく膝を屈曲してしまう。
- 動作を素早く切り返さず，ボトムポジションで止めてしまう。
- 下半身の力を使わず，肩の力だけでダンベルを持ち上げてしまう。
- ダンベルを持ち上げるのが速すぎる（下半身の力を使ってダンベルが肩から離れてから，ショルダープレスと同様のスピードで動作を行わなければならない）。
- ダンベルを肩に戻す前に，トップポジションで静止していない。

━ シングルアーム・プッシュプレス ━

動作とポイント

1. スタンスを肩幅にとる。
2. 右手にダンベルを持ち，右肩に乗せる。
3. 垂直跳びを行う時の深さまでしゃがむ。踵は床につけておく。
4. ボトムポジションに達したら，素早く立ち上がり，足で床を踏みつけ，その力を下半身，体幹部，上半身へと伝えていく。このジャンプ動作を行うことで，キャッチ動作で安定したポジションをとる前に，一度踵を床から浮かせることになる。
5. この時の反動によって，ダンベルが少し肩から持ち上がる。
6. ダンベルが肩から離れたら，右腕を伸ばし，肩の真上に押し上げる。
7. トップポジションで一旦静止してから，ダンベルを肩に戻し，次のレップを行う。
8. 右腕で設定されたレップ数を行ったら，左腕で同じ動作を繰り返す。

よく起こるエラー

- スタンスを，肩幅より広くしたり狭くしたりしてしまう。
- 動作を始める時に，股関節ではなく膝を屈曲してしまう。
- 動作を素早く切り返さず，ボトムポジションで止めてしまう。
- 下半身の力を使わず，肩の力だけでダンベルを持ち上げてしまう。
- ダンベルを持ち上げるのが速すぎる（下半身の力を使ってダンベルが肩から離れてから，ショルダープレスと同様のスピードで動作を行わなければならない）。
- ダンベルを肩に戻す前に，トップポジションで静止していない。

パワージャーク

動作とポイント

1. スタンスを肩幅にとり，ダンベルを持って肩に乗せる。
2. 垂直跳びを行う時の深さまでしゃがむ。踵は床につけておく。
3. ボトムポジションに達したら，素早く立ち上がり，足で床を踏みつけ，その力を下半身，体幹部，上半身へと伝えていく。このジャンプ動作を行うことで，キャッチ動作で安定したポジションをとる前に，一度踵を床から浮かせることになる。この時の反動によって，ダンベルが少し肩から持ち上がる。
4. ダンベルが肩から離れたら，腕を伸ばし，素早い動作で，肩の真上に押し上げる。腕を使うのは，ダンベルを正しい位置に移動させるためであり，肩のプレス動作は極力使わないようにする。
5. トップポジションで一旦静止してから，ダンベルを肩に戻し，次のレップを行う。

よく起こるエラー

- スタンスを，肩幅より広くしたり狭くしたりしてしまう。
- 動作を始める時に，股関節ではなく膝を屈曲してしまう。
- 動作を素早く切り返さず，ボトムポジションで止めてしまう。
- ダンベルが肩から離れる時に，腕を使うタイミンが早すぎる。
- ショルダープレスと同じスピードでダンベルを持ち上げてしまう。
- ダンベルを肩に戻す前に，トップポジションで静止していない。

オルタネイティング・パワージャーク

動作とポイント

1. スタンスを肩幅にとり，ダンベルを持って肩に乗せる。
2. 垂直跳びを行う時の深さまでしゃがむ。踵は床につけておく。
3. ボトムポジションに達したら，素早く立ち上がり，足で床を踏みつけ，その力を下半身，体幹部，上半身へと伝えていく。このジャンプ動作を行うことで，キャッチ動作で安定したポジションをとる前に，一度踵を床から浮かせることになる。ディップの局面では踵は床についたままで，ジャンプ局面で初めて踵が床から離れる。下半身の反動によって，ダンベルが少し肩から持ち上がる。
4. 素早く右腕を伸ばし，ダンベルを肩の真上に押し上げる。腕を使うのは，ダンベルを正しい位置に移動させるためであり，肩のプレス動作は極力使わないようにする。
5. トップポジションで一旦静止してから，ダンベルを肩に戻し，次のレップを行う。
6. 左腕で，同じ動作を繰り返す。

よく起こるエラー

- スタンスを，肩幅より広くしたり狭くしたりしてしまう。
- 動作を始める時に，股関節ではなく膝を屈曲してしまう。
- 動作を素早く切り返さず，ボトムポジションで止めてしまう。
- ダンベルが下半身の力によって肩から離れる前に，早すぎるタイミングで腕を使ってしまう。
- 下半身の力ではなく，腕の力を使ってダンベルを持ち上げてしまう。
- ダンベルを肩に戻す前に，トップポジションで静止していない。

シングルアーム・パワージャーク

動作とポイント

1. スタンスを肩幅にとり，右手にダンベルを持って右肩に乗せる。
2. 垂直跳びを行う時の深さまでしゃがむ。踵は床につけておく。
3. ボトムポジションに達したら，素早く立ち上がり，足で床を踏みつけ，その力を下半身，体幹部，上半身へと伝えていく。このジャンプ動作を行うことで，キャッチ動作で安定したポジションをとる前に，一度踵を床から浮かせることになる。この時の反動によって，ダンベルが少し肩から持ち上がる。
4. 右腕が伸びきるまで，ダンベルを肩の真上に押し上げる。右腕を使うのは，ダンベルを正しい位置に移動させるためであり，右肩のプレス動作は極力使わないようにする。
5. トップポジションで一旦静止してから，ダンベルを肩に戻し，次のレップを行う。
6. 右腕で設定されたレップ数を行ったら，左腕で同じ動作を繰り返す。

よく起こるエラー

- スタンスを，肩幅より広くしたり狭くしたりしてしまう。
- 動作を始める時に，股関節ではなく膝を屈曲してしまう。
- 動作を素早く切り返さず，ボトムポジションで止めてしまう。
- ダンベルが下半身の力によって肩から離れる前に，早すぎるタイミングで腕を使ってしまう。
- 下半身の力ではなく，腕の力を使ってダンベルを持ち上げてしまう。
- ダンベルを肩に戻す前に，トップポジションで静止していない。

スプリット・オルタネイティングフット・ジャーク

動作とポイント

1. スタンスを肩幅にとり，ダンベルを持って肩に乗せる。
2. 垂直跳びを行う時の深さまでしゃがむ。踵は床につけておく。
3. ボトムポジションに達したら，素早く立ち上がり，足で床を踏みつけ，その力を下半身，体幹部，上半身へと伝えていく。このジャンプ動作を行うことで，キャッチ動作で安定したポジションをとる前に，一度踵を床から浮かせることになる。この時の反動によって，ダンベルが少し肩から持ち上がる。
4. 股関節が完全に伸展したら，左足を前，右足を後ろに開き，ランジのポジションをとり，ダンベルをキャッチする。
5. ロックされるまで肘を伸ばし，スプリットポジションをとる。腕を使うのは，ダンベルを正しい位置に移動させるためであり，肩のプレス動作は極力使わないようにする。
6. 左足を後ろ，右足を前にステップさせ，スタートポジションに戻す。
7. トップポジションで一旦静止してから，ダンベルを肩に戻す。
8. 次のレップを行う前に，スタートポジションに戻る。
9. レップごとに，左右の脚を入れ替える。

よく起こるエラー

- スタンスを，肩幅より広くしたり狭くしたりしてしまう。
- 動作を始める時に，股関節ではなく膝を屈曲してしまう。
- 動作を素早く切り返さず，ボトムポジションで止めてしまう。
- ダンベルを正しい位置に移動させるために腕を使うのではなく，ダンベルを持ち上げるために腕を使っている。
- 足を完全にスタートポジションに戻す前に，ダンベルを肩に下ろしてしまう。

スプリット・オルタネイティングフット・オルタネイティングアーム・ジャーク

動作とポイント

1. スタンスを肩幅にとり，ダンベルを持って肩に乗せる。
2. 垂直跳びを行う時の深さまでしゃがむ。踵は床につけておく。
3. ボトムポジションに達したら，素早く立ち上がり，足で床を踏みつけ，その力を下半身，体幹部，上半身へと伝えていく。このジャンプ動作を行うことで，キャッチ動作で安定したポジションをとる前に，一度踵を床から浮かせることになる。この時の反動によって，ダンベルが少し肩から持ち上がる。
4. 股関節が完全に伸展したら，右足を前，左足を後ろに開き，ランジのポジションをとり，ダンベルをキャッチする。
5. ロックされるまで左肘を伸ばし，スプリットポジションをとる。腕を使うのは，ダンベルを正しい位置に移動させるためであり，肩のプレス動作は極力使わないようにする。
6. 右足を後ろ，左足を前にステップさせ，スタートポジションに戻す。
7. トップポジションで一旦静止してから，ダンベルを肩に戻す。
8. 次のレップを行う前に，スタートポジションに戻る。
9. レップごとに，左右の脚と腕を入れ替える。スプリットポジションをとった時に，必ず脚と腕が交差していなければならない（右脚が前であれば，左腕でダンベルを挙上する）。

よく起こるエラー

- スタンスを，肩幅より広くしたり狭くしたりしてしまう。
- 動作を始める時に，股関節ではなく膝を屈曲してしまう。
- 動作を素早く切り返さず，ボトムポジションで止めてしまう。
- ダンベルを正しい位置に移動させるために腕を使うのではなく，ダンベルを持ち上げるために腕を使っている。
- 足を完全にスタートポジションに戻す前に，ダンベルを肩に下ろしてしまう。
- 前脚と同じ側の腕でダンベルを挙上してしまう。

スプリット・オルタネイティングフット・シングルアーム・ジャーク

動作とポイント

1. スタンスを肩幅にとり，ダンベルを持って肩に乗せる。
2. 垂直跳びを行う時の深さまでしゃがむ。踵は床につけておく。
3. ボトムポジションに達したら，素早く立ち上がり，足で床を踏みつけ，その力を下半身，体幹部，上半身へと伝えていく。このジャンプ動作を行うことで，キャッチ動作で安定したポジションをとる前に，一度踵を床から浮かせることになる。この時の反動によって，ダンベルが少し肩から持ち上がる。
4. 股関節が完全に伸展したら，左足を前，右足を後ろに開き，ランジのポジションをとり，ダンベルをキャッチする。
5. ロックされるまで肘を伸ばし，スプリットポジションをとる。腕を使うのは，ダンベルを正しい位置に移動させるためであり，肩のプレス動作は極力使わないようにする。
6. 前足を後ろ，後ろ足を前にステップさせ，スタートポジションに戻す。
7. 左右の足を入れ替えながら，右腕で設定されたレップ数を行う。
8. 右腕が終了したら，ダンベルを左腕に持ち替えて，同じ動作を繰り返す。

よく起こるエラー

- スタンスを，肩幅より広くしたり狭くしたりしてしまう。
- 動作を始める時に，股関節ではなく膝を屈曲してしまう。
- 動作を素早く切り返さず，ボトムポジションで止めてしまう。
- ダンベルを正しい位置に移動させるために腕を使うのではなく，ダンベルを持ち上げるために腕を使っている。
- 足を完全にスタートポジションに戻す前に，ダンベルを肩に下ろしてしまう。

　注：以下のダンベルクリーン・ダンベルスナッチに類するエクササイズは，ハングポジションまたはフルムーブメントで行う。ハングポジションから動作を行う場合，ハンドル部分が膝関節の中心に位置するようにスタートポジションをとる。フルムーブメントは，ダンベルを脛の中間部に位置させスタートポジションをとる。つまり，バーベルにプレートをつけて行う場合のスタートポジションと同じ高さということになる。それ以外は，どちらの動作もほぼ同様のものとなる。

　脛の中間部からの動作の方が可動域が大きくなるので，より重い重量を扱うことになる。しかし，ハングポジションの方がフルムーブメントよりも習得しやすいため，まずハングポジションで練習し，スタートポジションを脛の中間部に移行していくとよい。

パワークリーン

動作とポイント

1. スタンスを肩幅にとる。
2. 腕をまっすぐ下ろし，ダンベルを脚の側面に持つ。
3. 背すじをまっすぐにし，頭を起こし，股関節を後ろに下げながらしゃがむ。ダンベルを，ハンドル部分が脛の中間部に来るまで下ろす。**注**：最初に行う時は，1枚目の写真のように，ハンドル部分が膝の高さに来るようにスタートポジションをとる。習得するにしたがって，徐々に脛の中間部まで下ろしていく。
4. 肩の位置を膝より少し前にする。肩が膝より前に位置していなければ，このポジションになるまで膝を伸展する。
5. 股関節，膝関節，足関節を伸展し，床を踏み込む。
6. 体がフルエクステンション（股関節，膝関節，足関節が完全に伸展）したら，力強くシュラッグし，ダンベルを持ち上げる。
7. 完全にシュラッグしたら，ダンベルを肋骨に沿って脇の下まで引き上げる。
8. この姿勢から，体をダンベルの下に潜り込ませ，クオータースクワットの姿勢をとりながら，肘を回してダンベルの後ろの部分が肩に乗るようにキャッチする。
9. このラックポジションでは，頭を起こし，背すじをまっすぐにし，肘を高く保ち，膝がつま先より後ろにある状態を維持する。
10. ダンベルを肩に乗せてキャッチしたら，膝関節，股関節を伸展し，直立姿勢になる。

よく起こるエラー

- スタンスを，肩幅より広くしたり狭くしたりしてしまう。
- スタートポジションで，肩がダンベルの前ではなく，真上か後ろに来てしまう。
- 体がフルエクステンションし，完全にシュラッグする前に，肘を曲げてしまう。
- ダンベルをまっすぐ脇の下に引き上げるのではなく，弧を描くように動かしてしまう。

- キャッチの際，股関節を後ろに動かしながらしゃがむのではなく，膝を前に出してしまう。
- 肘を高く壁に向けるのではなく，床に向けてキャッチしてしまう。
- ダンベルを肩に乗せてラックポジションをとるのに十分な深さよりも深すぎるポジションでキャッチしてしまう。

オルタネイティング・パワークリーン

動作とポイント

1. スタンスを肩幅にとる。
2. 腕をまっすぐ下ろし，ダンベルを脚の側面に持つ。
3. 背すじをまっすぐにし，頭を起こし，股関節を後ろに下げながらしゃがむ。ダンベルを，ハンドル部分が脛の中間部に来るまで下ろす。注：最初に行う時は，1枚目の写真のように，ハンドル部分が膝の高さに来るようにスタートポジションをとる。習得するにしたがって，徐々に脛の中間部まで下ろしていく。
4. 肩の位置を膝より少し前にする。肩が膝より前に位置していなければ，このポジションになるまで膝を伸展する。
5. 股関節，膝関節，足関節を伸展し，床を踏み込む。このジャンプ動作を行うことで，キャッチ動作で安定したポジションをとる前に，一度踵を床から浮かせることになる。
6. 体がフルエクステンションしたら，力強くシュラッグし，ダンベルを持ち上げる。
7. 完全にシュラッグしたら，右手に持ったダンベルを，肋骨に沿って脇の下まで引き上げる。
8. この姿勢から，体をダンベルの下に潜り込ませ，クオータースクワットの姿勢をとりながら，右肘を回して，ダンベルの下部が右肩に乗るようにキャッチする。
9. このラックポジションでは，頭を起こし，背すじをまっすぐにし，肘を高く保ち，膝がつま先より後ろにある状態を維持する。
10. ダンベルを肩に乗せてキャッチしたら，膝関節，股関節を伸展し，直立姿勢になる。
11. ダンベルをスタートポジションに戻し，左腕で同じ動作を繰り返す。

よく起こるエラー

- スタンスを，肩幅より広くしたり狭くしたりしてしまう。
- スタートポジションで，肩がダンベルの前ではなく，真上か後ろに来てしまう。
- 体がフルエクステンションし，完全にシュラッグする前に肘を曲げてしまう。
- ダンベルをまっすぐ脇の下に引き上げるのではなく，弧を描くように動かしてしまう。
- キャッチの際，股関節を後ろに動かしながらしゃがむのではなく，膝を前に出してしまう。
- 肘を高く壁に向けるのではなく，床に向けてキャッチしてしまう。
- ダンベルを肩に乗せてラックポジションをとるのに十分な深さよりも深すぎるポジションでキャッチしてしまう。

シングルアーム・パワークリーン

動作とポイント

1. スタンスを肩幅にとる。
2. 腕をまっすぐ下ろし，ダンベルを脚の側面に持つ。
3. 背すじをまっすぐにし，頭を起こし，股関節を後ろに下げながらしゃがむ。ダンベルを，ハンドル部分が脛の中間部に来るまで下ろす。**注**：最初に行う時は，1枚目の写真のように，ハンドル部分が膝の高さに来るようにスタートポジションをとる。習得するにしたがって，徐々に脛の中間部まで下ろしていく。
4. 肩の位置を膝より少し前にする。肩が膝より前に位置していなければ，このポジションになるまで膝を伸展する。
5. 股関節，膝関節，足関節を伸展し，床を踏み込む。このジャンプ動作を行うことで，キャッチ動作で安定したポジションをとる前に，一度踵を床から浮かせることになる。
6. 体がフルエクステンションしたら，力強くシュラッグし，ダンベルを持ち上げる。
7. 完全にシュラッグしたら，右手に持ったダンベルを，肋骨に沿って脇の下まで引き上げる。
8. この姿勢から，体をダンベルの下に潜り込ませ，クオータースクワットの姿勢をとりながら，右肘を回して，ダンベルの下端が右肩に乗るようにキャッチする。
9. このラックポジションでは，頭を起こし，背すじをまっすぐにし，肘を高く保ち，膝がつま先より後ろにある状態を維持する。
10. ダンベルを肩に乗せてキャッチしたら，膝関節，股関節を伸展し，直立姿勢になる。
11. ダンベルをスタートポジションに戻し，設定されたレップ数を行う。
12. 左腕で同じ動作を繰り返す。

よく起こるエラー

- スタンスを，肩幅より広くしたり狭くしたりしてしまう。
- スタートポジションで，肩がダンベルの前ではなく，真上か後ろに来てしまう。
- 体がフルエクステンションし，完全にシュラッグする前に肘を曲げてしまう。
- ダンベルをまっすぐ脇の下に引き上げるのではなく，弧を描くように動かしてしまう。
- キャッチの際，股関節を後ろに動かしながらしゃがむのではなく，膝を前に出してしまう。
- 肘を高く壁に向けるのではなく，床に向けてキャッチしてしまう。
- ダンベルを肩に乗せてラックポジションをとるのに十分な深さよりも深すぎるポジションでキャッチしてしまう。

ハングクリーン

動作とポイント

1. スタンスを肩幅にとる。
2. 腕をまっすぐ下ろし，ダンベルを脚の側面に持つ。
3. 背すじをまっすぐにし，頭を起こし，股関節を後ろに下げながらしゃがむ。ダンベルを，ハンドル部分が股関節の中心に来るまで下ろす。
4. 肩の位置を膝より少し前にする。肩が膝より前に位置していなければ，このポジションになるまで膝を伸展する。
5. 股関節，膝関節，足関節を伸展し，床を強く踏み込む。このジャンプ動作を行うことで，キャッチ動作で安定したポジションをとる前に，一度踵を床から浮かせることになる。
6. 体がフルエクステンションしたら，力強くシュラッグし，ダンベルを持ち上げる。
7. 完全にシュラッグしたら，ダンベルを肋骨に沿って脇の下まで引き上げる。
8. この姿勢から，体をダンベルの下に潜り込ませ，肘を回して，ダンベルの下端が肩に乗るようにキャッチする。
9. 足裏全体を床につけて，大腿が床と平行になるまで，股関節を後ろに動かしながらしゃがむ。
10. このラックポジションでは，頭を起こし，背すじをまっすぐにし，肘を高く保ち，膝がつま先より後ろにある状態を維持する。
11. フルスクワットの状態から，頭を起こし，背すじをまっすぐにしたまま，膝関節，股関節を伸展し，直立姿勢になる。

よく起こるエラー

- スタンスを，肩幅より広くしたり狭くしたりしてしまう。
- スタートポジションで，肩がダンベルの前ではなく，真上か後ろに来てしまう。
- 体がフルエクステンションし，完全にシュラッグする前に肘を曲げてしまう。
- ダンベルをまっすぐ脇の下に引き上げるのではなく，弧を描くように動かしてしまう。
- キャッチの際，股関節を後ろに動かしながらしゃがむのではなく，膝を前に出してしまう。
- 肘を高く壁に向けるのではなく，床に向けてキャッチしてしまう。
- ダンベルを肩に乗せてラックポジションをとるのに，セミスクワットより深いポジションでキャッチしてしまう。
- 大腿が床と平行になるまでスクワットしていない。

オルタネイティング・ハングクリーン

動作とポイント

1. スタンスを肩幅にとる。
2. 腕をまっすぐ下ろし，ダンベルを脚の側面に持つ。
3. 背すじをまっすぐにし，頭を起こし，股関節を後ろに下げながらしゃがむ。ダンベルを，ハンドル部分が膝関節の中心に来るまで下ろす。
4. 肩の位置を膝より少し前にする。肩が膝より前に位置していなければ，このポジションになるまで膝を伸展する。
5. 股関節，膝関節，足関節を伸展し，床を強く踏み込む。このジャンプ動作を行うことで，キャッチ動作で安定したポジションをとる前に，一度踵を床から浮かせることになる。
6. 体がフルエクステンションしたら，力強くシュラッグし，ダンベルを持ち上げる。
7. 完全にシュラッグしたら，右手に持ったダンベルを，肋骨に沿って脇の下まで引き上げる。レップごとに左右の腕を入れ替えて，このプル動作を行う。
8. この姿勢から，体をダンベルの下に潜り込ませ，右肘を回して，ダンベルの下端が右肩に乗るようにキャッチする。
9. 足裏全体を床につけて，大腿が床と平行になるまで，股関節を後ろに動かしながらしゃがむ。
10. このラックポジションでは，頭を起こし，背すじをまっすぐにし，肘を高く保ち，膝がつま先より後ろにある状態を維持する。
11. フルスクワットの状態から，頭を起こし，背すじをまっすぐにしたまま，膝関節，股関節を伸展し，直立姿勢になる。
12. ダンベルをスタートポジションに戻し，左腕で同じ動作を繰り返す。

よく起こるエラー

- スタンスを，肩幅より広くしたり狭くしたりしてしまう。
- スタートポジションで，肩がダンベルの前ではなく，真上か後ろに来てしまう。
- 体がフルエクステンションし，完全にシュラッグする前に肘を曲げてしまう。
- ダンベルをまっすぐ脇の下に引き上げるのではなく，弧を描くように動かしてしまう。
- キャッチの際，股関節を後ろに動かしながらしゃがむのではなく，膝を前に出してしまう。
- 肘を高く壁に向けるのではなく，床に向けてキャッチしてしまう。
- ダンベルを肩に乗せてラックポジションをとるのに，セミスクワットより深いポジションでキャッチしてしまう。
- 大腿が床と平行になるまでスクワットしていない。

シングルアーム・ハングクリーン

動作とポイント

1. スタンスを肩幅にとる。
2. 腕をまっすぐ下ろし，ダンベルを脚の側面に持つ。
3. 背すじをまっすぐにし，頭を起こし，股関節を後ろに下げながらしゃがむ。ダンベルを，ハンドル部分が股関節の中心に来るまで下ろす。
4. 肩の位置を膝より少し前にする。肩が膝より前に位置していなければ，このポジションになるまで膝を伸展する。
5. 股関節，膝関節，足関節を伸展し，床を強く踏み込む。このジャンプ動作を行うことで，キャッチ動作で安定したポジションをとる前に，一度踵を床から浮かせることになる。
6. 体がフルエクステンションしたら，力強くシュラッグし，ダンベルを持ち上げる。
7. 完全にシュラッグしたら，右手に持ったダンベルを，肋骨に沿って脇の下まで引き上げる。
8. この姿勢から，体をダンベルの下に潜り込ませ，右肘を回して，ダンベルの下端が右肩に乗るようにキャッチする。
9. 足裏全体を床につけて，大腿が床と平行になるまで，股関節を後ろに動かしながらしゃがむ。
10. このラックポジションでは，頭を起こし，背すじをまっすぐにし，肘を高く保ち，膝がつま先より後ろにある状態を維持する。
11. フルスクワットの状態から，頭を起こし，背すじをまっすぐにしたまま，膝関節，股関節を伸展し，直立姿勢になる。
12. 設定されたレップ数を終了したら，左腕で同じ動作を繰り返す。

よく起こるエラー

- スタンスを，肩幅より広くしたり狭くしたりしてしまう。
- スタートポジションで，肩がダンベルの前ではなく，真上か後ろに来てしまう。
- 体がフルエクステンションし，完全にシュラッグする前に肘を曲げてしまう。
- ダンベルをまっすぐ脇の下に引き上げるのではなく，弧を描くように動かしてしまう。
- キャッチの際，股関節を後ろに動かしながらしゃがむのではなく，膝を前に出してしまう。
- 肘を高く壁に向けるのではなく，床に向けてキャッチしてしまう。
- ダンベルを肩に乗せてラックポジションをとるのに，セミスクワットよりも深いポジションでキャッチしてしまう。
- 大腿が床と平行になるまでスクワットしていない。

パワースナッチ

動作とポイント

1. スタンスを肩幅にとる。
2. 腕をまっすぐ下ろし，ダンベルを脚の側面に持つ。
3. 背すじをまっすぐにし，頭を起こし，股関節を後ろに下げながらしゃがむ。ダンベルを，ハンドル部分が脛の中間部に来るまで下ろす。注：最初に行う時は，1枚目の写真のように，ハンドル部分が膝の高さに来るようにスタートポジションをとる。習得するにしたがって，徐々に脛の中間部のフルパワースナッチのポジションまで下ろしていく。
4. 肩の位置を膝より少し前にする。肩が膝より前に位置していなければ，このポジションになるまで膝を伸展する。
5. 股関節，膝関節，足関節を伸展し，床を踏み込む。このジャンプ動作を行うことで，キャッチ動作で安定したポジションをとる前に，一度踵を床から浮かせることになる。
6. 体がフルエクステンションしたら，力強くシュラッグし，ダンベルを持ち上げる。
7. 完全にシュラッグしたら，ダンベルを肋骨に沿って脇の下まで引き上げる。
8. 腕を伸ばして肩の真上でキャッチするところまで，一挙動でダンベルを引き上げ続ける。ダンベルをキャッチするタイミングで，股関節を屈曲し，体を下に潜り込ませ，セミスクワットの姿勢をとる。
9. ダンベルを肩の真上でキャッチしたら，膝関節，股関節を伸展し，直立姿勢になって，ダンベルを頭上でコントロールした後，スタートポジションに戻る。

よく起こるエラー

- スタンスを，肩幅より広くしたり狭くしたりしてしまう。
- スタートポジションで，肩がダンベルの前ではなく，真上か後ろに来てしまう。
- 体がフルエクステンションし，完全にシュラッグする前に肘を曲げてしまう。
- ダンベルを，股関節，肩，耳の真上にまっすぐ動かさず，弧を描くように動かしてしまう。
- キャッチの際，股関節を後ろに動かしながらしゃがむのではなく，膝を前に出してしまう。
- ダンベルをコントロールして，トップポジションで完全に停止させずに下ろしてしまう。

オルタネイティング・パワースナッチ

動作とポイント

1. スタンスを肩幅にとる。
2. 腕をまっすぐ下ろし，ダンベルを脚の側面に持つ。
3. 背すじをまっすぐにし，頭を起こし，股関節を後ろに下げながらしゃがむ。ダンベルを，ハンドル部分が脛の中間部に来るまで下ろす。**注**：最初に行う時は，1枚目の写真のように，ハンドル部分が膝の高さに来るようにスタートポジションをとる。習得するにしたがって，徐々に脛の中間部のフルパワースナッチのポジションまで下ろしていく。
4. 肩の位置を膝より少し前にする。肩が膝より前に位置していなければ，このポジションになるまで膝を伸展する。
5. 股関節，膝関節，足関節を伸展し，床を踏み込む。このジャンプ動作を行うことで，キャッチ動作で安定したポジションをとる前に，一度踵を床から浮かせることになる。
6. 体がフルエクステンションしたら，力強くシュラッグし，左手に持ったダンベルを持ち上げる。
7. 完全にシュラッグしたら，左手に持ったダンベルを肋骨に沿って脇の下まで引き上げる。
8. 左腕を伸ばして左肩の真上でキャッチするところまで，一挙動でダンベルを引き上げ続ける。ダンベルをキャッチするタイミングで，股関節を屈曲し，体を下に潜り込ませ，セミスクワットの姿勢をとる。
9. ダンベルを肩の真上でキャッチしたら，膝関節，股関節を伸展し，直立姿勢になって，ダンベルを頭上でコントロールした後，スタートポジションに戻る。
10. レップごとに，左右の腕を入れ替えて，同じ動作を繰り返す。

よく起こるエラー

- スタンスを，肩幅より広くしたり狭くしたりしてしまう。
- スタートポジションで，肩がダンベルの前ではなく，真上か後ろに来てしまう。
- 体がフルエクステンションし，完全にシュラッグする前に肘を曲げてしまう。
- ダンベルを，股関節，肩，耳の真上にまっすぐ動かさず，弧を描くように動かしてしまう。
- キャッチの際，股関節を後ろに動かしながらしゃがむのではなく，膝を前に出してしまう。
- ダンベルをコントロールして，トップポジションで完全に停止させずに下ろしてしまう。

シングルアーム・パワースナッチ

動作とポイント

1. スタンスを肩幅にとる。
2. 腕をまっすぐ下ろし，ダンベルを脚の側面に持つ。
3. 背すじをまっすぐにし，頭を起こし，股関節を後ろに下げながらしゃがむ。ダンベルを，ハンドル部分が脛の中間部に来るまで下ろす。**注：**最初に行う時は，1枚目の写真のように，ハンドル部分が膝の高さに来るようにスタートポジションをとる。習得するにしたがって，徐々に脛の中間部のフルパワースナッチのポジションまで下ろしていく。
4. 肩の位置を膝より少し前にする。肩が膝より前に位置していなければ，このポジションになるまで膝を伸展する。
5. 股関節，膝関節，足関節を伸展し，床を踏み込む。このジャンプ動作を行うことで，キャッチ動作で安定したポジションをとる前に，一度踵を床から浮かせることになる。
6. 体がフルエクステンションしたら，力強くシュラッグし，右手に持ったダンベルを持ち上げる。
7. 完全にシュラッグしたら，右手に持ったダンベルを，肋骨に沿って脇の下まで引き上げる。
8. 右腕を伸ばして右肩の真上でキャッチするところまで，一挙動でダンベルを引き上げ続ける。ダンベルをキャッチするタイミングで，股関節を屈曲し，体を下に潜り込ませ，セミスクワットの姿勢をとる。
9. ダンベルを肩の真上でキャッチしたら，膝関節，股関節を伸展し，直立姿勢になって，ダンベルを頭上でコントロールした後，スタートポジションに戻る。
10. 左腕で同じ動作を繰り返す。

よく起こるエラー

- スタンスを，肩幅より広くしたり狭くしたりしてしまう。
- スタートポジションで，肩がダンベルの前ではなく，真上か後ろに来てしまう。
- 体がフルエクステンションし，完全にシュラッグする前に肘を曲げてしまう。
- ダンベルを，股関節，肩，耳の真上にまっすぐ動かさず，弧を描くように動かしてしまう。
- キャッチの際，股関節を後ろに動かしながらしゃがむのではなく，膝を前に出してしまう。
- ダンベルをコントロールして，トップポジションで完全に停止させずに下ろしてしまう。

スプリット・オルタネイティングフット・スナッチ

動作とポイント

1. スタンスを肩幅にとる。
2. 腕をまっすぐ下ろし，ダンベルを脚の側面に持つ。
3. 背すじをまっすぐにし，頭を起こし，股関節を後ろに下げながらしゃがむ。ダンベルのハンドル部分を望ましい位置まで下ろす（ハングポジションから動作を行う場合，ハンドル部分が膝関節の中心に位置するようにスタートポジションをとる。フルムーブメントで動作を行う場合，ハンドル部分が脛の中間部に位置するようにスタートポジションをとる）。
4. 肩の位置を膝より少し前にする。肩が膝より前に位置していなければ，このポジションになるまで膝を伸展する。
5. 股関節，膝関節，足関節を伸展し，床を踏み込む。このジャンプ動作を行うことで，キャッチ動作で安定したポジションをとる前に，一度踵を床から浮かせることになる。
6. 体がフルエクステンションしたら，力強くシュラッグし，ダンベルを持ち上げる。
7. 完全にシュラッグしたら，ダンベルを肋骨に沿って脇の下まで引き上げる。
8. 腕を伸ばして肩の真上でキャッチするところまで，一挙動でダンベルを引き上げ続ける。ダンベルをキャッチするタイミングで，左足を前，右足を後ろに広げ，ランジポジションをとる。
9. ダンベルを肩の真上でキャッチしたら，左足を後ろ，右足を前に動かして，スタートポジションに戻る。
10. 両足がそろったら，スタートポジションに戻り，レップごとに左右の足を入れ替える。

よく起こるエラー

- スタンスを，肩幅より広くしたり狭くしたりしてしまう。
- スタートポジションで，肩がダンベルの前ではなく，真上か後ろに来てしまう。
- 体がフルエクステンションし，完全にシュラッグする前に肘を曲げてしまう。
- ダンベルを，股関節，肩，耳の真上にまっすぐ動かさず，弧を描くように動かしてしまう。
- 体を沈めてダンベルをキャッチするために，前足を十分前に踏み込めていない。
- ダンベルをコントロールして，トップポジションで完全に停止させずに下ろしてしまう。
- 両足をスタートポジションに戻す前に，ダンベルを肩に下ろしてしまう。

スプリット・オルタネイティングフット・オルタネイティングアーム・スナッチ

動作とポイント

1. スタンスを肩幅にとる。
2. 腕をまっすぐ下ろし，ダンベルを脚の側面に持つ。
3. 背すじをまっすぐにし，頭を起こし，股関節を後ろに下げながらしゃがむ。ダンベルのハンドル部分を望ましい位置まで下ろす。（ハングポジションから動作を行う場合，ハンドル部分が膝関節の中心に位置するようにスタートポジションをとる。フルムーブメントで動作を行う場合，ハンドル部分が脛の中間部に位置するところにスタートポジションをとる）。
4. 肩の位置を膝より少し前にする。肩が膝より前に位置していなければ，このポジションになるまで膝を伸展する。
5. 股関節，膝関節，足関節を伸展し，床を踏み込む。このジャンプ動作を行うことで，キャッチ動作で安定したポジションをとる前に，一度踵を床から浮かせることになる。体がフルエクステンションしたら，力強くシュラッグし，ダンベルを持ち上げる。
6. 完全にシュラッグしたら，右手に持ったダンベルを，肋骨に沿って脇の下まで引き上げる。
7. 右腕を伸ばして右肩の真上でキャッチするところまで，一挙動でダンベルを引き上げ続ける。ダンベルをキャッチするタイミングで，左足を前，右足を後ろに広げ，ランジポジションをとる。
8. ダンベルを右肩の真上にキャッチしたら，左足を後ろ，右足を前に動かして，スタートポジションに戻る。このポジションで一旦静止する。
9. 両足がそろったら，ダンベルを下ろしてスタートポジションに戻り，レップごとに左右の腕と左右の脚を入れ替える。

よく起こるエラー

- スタンスを，肩幅より広くしたり狭くしたりしてしまう。
- ハングポジションからの動作で，ダンベルの位置が膝関節より上や下になってしまう。
- スタートポジションで，肩がダンベルの前ではなく，真上か後ろに来てしまう。
- 体がフルエクステンションし，完全にシュラッグする前に肘を曲げてしまう。
- ダンベルを，股関節，肩，耳の真上にまっすぐ動かさず，弧を描くように動かしてしまう。
- 体を沈めてダンベルをキャッチするために，前足を十分前に踏み込めていない。
- ダンベルをコントロールして，トップポジションで完全に停止させずに下ろしてしまう。
- 両足をスタートポジションに戻す前に，ダンベルを肩に下ろしてしまう。

シングルアーム・スプリット・オルタネイティングフット・スナッチ

動作とポイント

1. スタンスを肩幅にとる。
2. 左腕をまっすぐ下ろし，ダンベルを脚の側面に持つ。
3. 背すじをまっすぐにし，頭を起こし，股関節を後ろに下げながらしゃがむ。ダンベルのハンドル部分を望ましい位置まで下ろす（ハングポジションから動作を行う場合，ハンドル部分が膝関節の中心に位置するようにスタートポジションをとる。フルムーブメントで動作を行う場合，ハンドル部分が脛の中間部に位置するようにスタートポジションをとる）。
4. 肩の位置を膝より少し前にする。肩が膝より前に位置していなければ，このポジションになるまで膝を伸展する。
5. 股関節，膝関節，足関節を伸展し，床を踏み込む。このジャンプ動作を行うことで，キャッチ動作で安定したポジションをとる前に，一度踵を床から浮かせることになる。体がフルエクステンションしたら，力強くシュラッグし，ダンベルを持ち上げる。
6. 完全にシュラッグしたら，左手に持ったダンベルを，肋骨に沿って脇の下まで引き上げる。
7. 左腕を伸ばして左肩の真上でキャッチするところまで，一挙動でダンベルを引き上げ続ける。ダンベルをキャッチするタイミングで，左足を前，右足を後ろに広げ，ランジポジションをとる。
8. ダンベルを左肩の真上にキャッチしたら，左足を後ろ，右足を前に動かしてスタートポジションに戻る。このポジションで一旦静止する。
9. 両足がそろったら，ダンベルを下ろしてスタートポジションに戻り，レップごとに左右の足を入れ替える。

よく起こるエラー

- スタンスを，肩幅より広くしたり狭くしたりしてしまう。
- ハングポジションからの動作で，ダンベルの位置が膝関節より上や下になってしまう。
- スタートポジションで，肩がダンベルの前ではなく，真上か後ろに来てしまう。
- 体がフルエクステンションし，完全にシュラッグする前に肘を曲げてしまう。
- ダンベルを，股関節，肩，耳の真上にまっすぐ動かさず，弧を描くように動かしてしまう。
- 体を沈めてダンベルをキャッチするために，前足を十分前に踏み込めていない。
- ダンベルをコントロールして，トップポジションで完全に停止させずに下ろしてしまう。
- 両足をスタートポジションに戻す前に，ダンベルを肩に下ろしてしまう。

コンビネーションエクササイズ

　前章までに紹介したエクササイズと本章のエクササイズを組み合わせることで、2つ以上の動作を含む1つのエクササイズを構成できる。例えば、ダンベル・ハングクリーンを行った後、まっすぐ立ち上がり、そこからダンベルを肩に乗せたままフロントスクワットを行うといったエクササイズが可能である。また、ダンベルスクワットから、ハングポジションをとり、ダンベル・パワースナッチを行うこともできる。様々なエクササイズを組み合わせることにより、難度を上げていくことができる。スクワットから、パワークリーン、最後にフロントスクワットといったバリエーションにすることもできる。創造力を持ってすれば、組み合わせは無限である。

　エクササイズを組み合わせることにより、どのような利点があるであろうか。まず第一に、従来の方法では、様々な筋群をトレーニングするためにいくつものエクササイズを行わなければならないが、コンビネーションエクササイズでは、1つのエクササイズで多くの筋群をトレーニングできる。結果として、トレーニング時間の効率化を図ることができる。第二に、コンビネーションエクササイズは多くの筋群を一度に動員するため、無酸素性の持久力を向上させる効果がある。そのため、筋肥大、筋力、持久力の向上とニーズが多岐に渡った場合でも、トレーニングに長い時間を費やす必要がなく、効率的なアプローチだということができる。

━━━ 知ってる？ ━━━

　ウエイトリフティング動作をトレーニングプログラムに組み込むと、ほとんどの大筋群を動員できるため、大変効果的である。数種のウエイトリフティングエクササイズを行うことで、様々なエクササイズを行わなくても、全身をトレーニングすることができる。

　全身を使う動作（プッシュプレス、パワージャーク、パワークリーン、パワースナッチなど）には、「両腕を同時に使う」「両腕を交互に使う」「片腕だけを使う」といったバリエーションがあることは、前述の通りである。また、スタートポジションについても、ミッドサイ（大腿の中間部）、ハング（膝関節の位置）、ビロウニー（脛の中間部）といったものがある。本書では詳しく触れないが、こういったオプションがあること

も認識しておいて欲しい。

　コンビネーションエクササイズを行ううえで，挙上する重量については，いずれかの動作を基準に選択をしなければならない。フロントスクワットからプッシュプレスといった組み合わせであれば，プッシュプレスの重量の方が，フロントスクワットの重量よりも軽くなる。この場合，プッシュプレスの重量をベースにトレーニングを行うことになる。このことは，ほとんどのコンビネーションエクササイズに共通することである。以下，いくつかの一般的な組み合わせを紹介する。

フロントスクワット～プッシュプレス

フロントスクワットの動作とポイント

1. 腕を体側に沿って下ろし，ダンベルを持つ。
2. ダンベルの下端を肩の上に乗せる。肘を高く持ち上げ，ダンベルの上端が下端の高さよりも低くならないようにする。
3. スタンスを肩幅にとる。
4. 背すじをまっすぐにし，頭を下げないようにする。
5. 姿勢を維持しながら，股関節を後ろに動かし，スクワット動作を始める。
6. 大腿が床と平行になるまでしゃがむ。股関節の中心が，膝関節の中心と同じ高さか下に位置するはずである。
7. 踵を床につけたままにする。両膝は，つま先より少し前，真上，少し後ろのいずれかに位置させる。
8. 殿部を最初に持ち上げるのではなく，頭からスタートポジションに戻る。背すじをまっすぐにし，頭を下げないようにする。
9. フロントスクワットを終えたら，プッシュプレスへと移行する。

よく起こるエラー

- エクササイズ中に背中を丸めると，腰部に過度なストレスがかかり，ケガをしやすくなる。
- ボトムポジションで，大腿が床と平行になっていない。
- 動作を始める時に，股関節を後ろに動かすのではなく，膝を前に動かし，踵を浮かせてしまう。
- ダンベルを，コントロールしながらではなく速い動作で下ろしてしまう。

プッシュプレスの動作とポイント

1. スタンスを肩幅にとり，ダンベルを持って肩に乗せる。
2. 垂直跳びを行う時の深さまでしゃがむ。踵は床につけておく。ボトムポジションに達したら，素早く立ち上がり，足で床を踏みつけ，その力を下半身，体幹部，上半身へと伝えていく。
3. このジャンプ動作を行うことで，キャッチ動作で安定したポジションをとる前に，一度踵を床から浮かせることになる。この時の反動によって，ダンベルが肩から少し持ち上がる。
4. ダンベルが肩から離れたら，腕を伸ばし，肩の真上に押し上げる。
5. トップポジションで一旦静止してから，ダンベルを肩に戻す。フロントスクワットのスタートポジションに戻り，次のレップを行う。

よく起こるエラー

- スタンスを，肩幅より広くしたり狭くしたりしてしまう。
- 動作を始める時に，股関節ではなく膝を屈曲してしまう。
- 動作を素早く切り返さず，ボトムポジションで止めてしまう。
- 下半身の力を使わず，肩の力だけでダンベルを持ち上げてしまう。
- ダンベルを持ち上げるのが速すぎる。下半身の力を使ってダンベルが肩から離れてから，ショルダープレスと同様のスピードで動作を行う。
- ダンベルを肩に戻す前に，トップポジションで静止していない。

フロントスクワット〜パワージャーク

フロントスクワットの動作とポイント

1. 腕を体側に沿って下ろし，ダンベルを持つ。
2. ダンベルの下端を肩の上に乗せる。肘を高く持ち上げ，ダンベルの上端が下端の高さよりも低くならないようにする。
3. スタンスを肩幅にとる。
4. 背すじをまっすぐにし，頭を下げないようにする。
5. 姿勢を維持しながら，股関節を後ろに動かし，スクワット動作を始める。
6. 大腿が床と平行になるまでしゃがむ。股関節の中心が，膝関節の中心と同じ高さか，下に位置するはずである。
7. 踵を床につけたままにする。両膝は，つま先より少し前，真上，少し後ろのいずれかに位置させる。
8. 殿部を最初に持ち上げるのではなく，頭からスタートポジションに戻る。背すじをまっすぐにし，頭を下げないようにする。

9. フロントスクワットを終えたら，パワージャークへと移行する。

よく起こるエラー

- エクササイズ中に背中を丸めると，腰部に過度なストレスがかかり，ケガをしやすくなる。
- ボトムポジションで，大腿が床と平行になっていない。
- 動作を始める時に，股関節を後ろに動かすのではなく，膝を前に動かし，踵を浮かせてしまう。
- ダンベルを，コントロールしながらではなく速い動作で下ろしてしまう。

パワージャークの動作とポイント

1. スタンスを肩幅にとり，ダンベルを持って肩に乗せる。
2. 垂直跳びを行う時の深さまでしゃがむ。踵は床につけておく。
3. ボトムポジションに達したら，素早く立ち上がり，足で床を踏みつけ，その力を下半身，体幹部，上半身へと伝えていく。このジャンプ動作を行うことで，キャッチ動作で安定したポジションをとる前に，一度踵を床から浮かせることになる。この時の反動によって，ダンベルが肩から少し持ち上がる。
4. ダンベルが肩から離れたら，腕を伸ばし，素早い動作で，肩の真上に押し上げる。腕を使うのは，ダンベルを正しい位置に移動させるためであり，肩のプレス動作は極力使わないようにする。
5. トップポジションで一旦静止し，ダンベルを肩に戻す。フロントスクワットのスタートポジションに戻り，次のレップを行う。

よく起こるエラー

- スタンスを，肩幅より広くしたり狭くしたりしてしまう。
- 動作を始める時に，股関節ではなく膝を屈曲してしまう。
- 動作を素早く切り返さず，ボトムポジションで止めてしまう。
- ダンベルが肩から離れる時に，腕を使うタイミンが早すぎる。
- ショルダープレスと同じスピードでダンベルを持ち上げてしまう。
- ダンベルを肩に戻す前に，トップポジションで静止していない。

フロントスクワット～スプリット・オルタネイティングフット・ジャーク

フロントスクワットの動作とポイント

1. 腕を体側に沿って下ろし，ダンベルを持つ。
2. ダンベルの下端を肩の上に乗せる。肘を高く持ち上げ，ダンベルの上端が下端の高

さよりも低くならないようにする。

3. スタンスを肩幅にとる。

4. 背すじをまっすぐにし，頭を下げないようにする。

5. 姿勢を維持しながら，股関節を後ろに動かし，スクワット動作を始める。

6. 大腿が床と平行になるまでしゃがむ。股関節の中心が，膝関節の中心と同じ高さか，下に位置するはずである。

7. 踵を床につけたままにする。両膝は，つま先よりも少し前，真上，少し後ろのいずれかに位置させる。

8. 殿部を最初に持ち上げるのではなく，頭からスタートポジションに戻る。背すじをまっすぐにし，頭を下げないようにする。

9. フロントスクワットを終えたら，スプリット・オルタネイティングフット・ジャークへと移行する。

よく起こるエラー

● エクササイズ中に背中を丸めると，腰部に過度なストレスがかかり，ケガをしやすくなる。

● ボトムポジションで，大腿が床と平行になっていない。

● 動作を始める時に，股関節を後ろに動かすのではなく，膝を前に動かし，踵を浮かせてしまう。

● ダンベルを，コントロールしながらではなく速い動作で下ろしてしまう。

スプリット・オルタネイティングフット・ジャークの動作とポイント

1. スタンスを肩幅にとり，ダンベルを持って肩に乗せる。

2. 垂直跳びを行う時の深さまでしゃがむ。踵は床につけておく。

3. ボトムポジションに達したら，素早く立ち上がり，足で床を踏みつけ，その力を下半身，体幹部，上半身へと伝えていく。このジャンプ動作を行うことで，キャッチ動作で安定したポジションをとる前に，一度踵を床から浮かせることになる。この時の反動によって，ダンベルが少し肩から持ち上がる。

4. 股関節が完全に伸展したら，左足を前，右足を後ろに開き，ランジのポジションをとり，ダンベルをキャッチする。

5. ロックされるまで肘を伸ばし，スプリットポジションをとる。腕を使うのは，ダンベルを正しい位置に移動させるためであり，肩のプレス動作は極力使わないようにする。

6. 左足を後ろ，右足を前にステップさせ，スタートポジションに戻す。

7. トップポジションで一旦静止してから，ダンベルを肩に戻す。フロントスクワットのスタートポジションに戻り，次のレップを行う。スプリット・オルタネイティン

グフット・ジャークの部分では，レップごとに左右の脚を入れ替える。

よく起こるエラー

- スタンスを，肩幅より広くしたり狭くしたりしてしまう。
- 動作を始める時に，股関節ではなく膝を屈曲してしまう。
- 動作を素早く切り返さず，ボトムポジションで止めてしまう。
- ダンベルを正しい位置に移動させるためではなく，ダンベルを持ち上げるために腕を使ってしまう。
- 足を完全にスタートポジションに戻す前に，ダンベルを下ろしてしまう。

フロントスクワット〜スプリット・オルタネイティングフット・オルタネイティングアーム・ジャーク

フロントスクワットの動作とポイント

1. 腕を体側に沿って下ろし，ダンベルを持つ。
2. ダンベルの下端を肩の上に乗せる。肘を高く持ち上げ，ダンベルの上端が下端の高さよりも低くならないようにする。
3. スタンスを肩幅にとる。
4. 背すじをまっすぐにし，頭を下げないようにする。
5. 姿勢を維持しながら，股関節を後ろに動かし，スクワット動作を始める。
6. 大腿が床と平行になるまでしゃがむ。股関節の中心が，膝関節の中心と同じ高さか，下に位置するはずである。
7. 踵を床につけたままにする。両膝は，つま先より少し前，真上，少し後ろのいずれかに位置させる。
8. 殿部を最初に持ち上げるのではなく，頭からスタートポジションに戻る。背すじをまっすぐにし，頭を下げないようにする。
9. フロントスクワットを終えたら，スプリット・オルタネイティングフット・オルタネイティングアーム・ジャークへと移行する。

よく起こるエラー

- エクササイズ中に背中を丸めると，腰部に過度なストレスがかかり，ケガをしやすくなる。
- ボトムポジションで，大腿が床と平行になっていない。
- 動作を始める時に，股関節を後ろに動かすのではなく，膝を前に動かし，踵を浮かせてしまう。
- ダンベルを，コントロールしながらではなく速い動作で下ろしてしまう。

スプリット・オルタネイティングフット・オルタネイティングアーム・ジャークの動作とポイント

1. スタンスを肩幅にとり，ダンベルを持って肩に乗せる。
2. 垂直跳びを行う時の深さまでしゃがむ。踵は床につけておく。
3. ボトムポジションに達したら，素早く立ち上がり，足で床を踏みつけ，その力を下半身，体幹部，上半身へと伝えていく。このジャンプ動作を行うことで，キャッチ動作で安定したポジションをとる前に，一度踵を床から浮かせることになる。この時の反動によって，ダンベルが少し肩から持ち上がる。
4. 股関節が完全に伸展したら，右足を前，左足を後ろに開き，ランジのポジションをとり，ダンベルをキャッチする。
5. ロックされるまで左肘を伸ばし，スプリットポジションをとる。腕を使うのは，ダンベルを正しい位置に移動させるためであり，肩のプレス動作は極力使わないようにする。
6. 右足を後ろ，左足を前にステップさせ，スタートポジションに戻す。
7. トップポジションで一旦静止してから，ダンベルを肩に戻す。フロントスクワットのスタートポジションに戻り，次のレップを行う。スプリット・オルタネイティングフット・オルタネイティングアーム・ジャークの部分では，レップごとに，左右の脚を入れ替える。

よく起こるエラー

- スタンスを，肩幅より広くしたり狭くしたりしてしまう。
- 動作を始める時に，股関節ではなく膝を屈曲してしまう。
- 動作を素早く切り返さず，ボトムポジションで止めてしまう。
- ダンベルを正しい位置に移動させるためではなく，持ち上げるために腕を使ってしまう。
- 足を完全にスタートポジションに戻す前に，ダンベルを下ろしてしまう。
- 前脚と同じ側の腕でダンベルを挙上してしまう。

パワークリーン〜フロントスクワット

パワークリーンの動作とポイント

1. スタンスを肩幅にとる。
2. 腕をまっすぐ下ろし，ダンベルを脚の側面に持つ。
3. 背すじをまっすぐにし，頭を起こし，股関節を後ろに下げながらしゃがむ。ダンベルを，ハンドル部分が脛の中間部に来るまで下ろす。
4. 肩の位置を膝より少し前にする。肩が膝より前に位置していなければ，このポジ

ションになるまで膝を伸展する。
5. 股関節，膝関節，足関節を伸展し，床を踏み込む。
6. 体がフルエクステンションしたら，力強くシュラッグし，ダンベルを持ち上げる。
7. 完全にシュラッグしたら，ダンベルを肋骨に沿って脇の下まで引き上げる。
8. この姿勢から，体をダンベルの下に潜り込ませ，クオータースクワットの姿勢をとりながら，肘を回して，ダンベルの下端が肩に乗るようにキャッチする。
9. このラックポジションでは，頭を起こし，背すじをまっすぐにし，肘を高く保ち，膝がつま先より後ろにある状態を維持する。
10. ダンベルを肩に乗せてキャッチしたら，膝関節，股関節を伸展し，直立姿勢になり，フロントスクワットに移行する。

よく起こるエラー
- スタンスを，肩幅より広くしたり狭くしたりしてしまう。
- スタートポジションで，肩がダンベルの前ではなく，真上か後ろに来てしまう。
- 体がフルエクステンションし，完全にシュラッグする前に肘を曲げてしまう。
- ダンベルをまっすぐ脇の下に引き上げるのではなく，弧を描くように動かしてしまう。
- キャッチの際，股関節を後ろに動かしながらしゃがむのではなく，膝を前に出してしまう。
- 肘を高く壁に向けるのではなく，床に向けてキャッチしてしまう。
- ダンベルを肩に乗せてラックポジションをとるのに十分な深さよりも深すぎるポジションでキャッチしてしまう。

フロントスクワットの動作とポイント
1. ダンベルの下端を肩の上に乗せる。肘を高く持ち上げ，ダンベルの上端が下端の高さよりも低くならないようにする。
2. スタンスを肩幅にとる。
3. 背すじをまっすぐにし，頭を下げないようにする。
4. 姿勢を維持しながら，股関節を後ろに動かし，スクワット動作を始める。
5. 大腿が床と平行になるまでしゃがむ。股関節の中心が，膝関節の中心と同じ高さか，下に位置するはずである。
6. 踵を床につけたままにする。両膝は，つま先よりも少し前，真上，少し後ろのいずれかに位置させる。
7. 殿部を最初に持ち上げるのではなく，頭から立ち上がり，パワークリーンのスタートポジションをとる。背すじをまっすぐにし，頭を下げないようにする。

よく起こるエラー

- エクササイズ中に背中を丸めると，腰部に過度なストレスがかかり，ケガをしやすくなる。
- ボトムポジションで，大腿が床と平行になっていない。
- 動作を始める時に，股関節を後ろに動かすのではなく，膝を前に動かし，踵を浮かせてしまう。
- ダンベルを，コントロールしながらではなく速い動作で下ろしてしまう。

ハングクリーン〜フロントスクワット〜パワージャーク

ハングクリーンの動作とポイント

1. スタンスを肩幅にとる。
2. 腕をまっすぐ下ろし，ダンベルを脚の側面に持つ。
3. 背すじをまっすぐにし，頭を起こし，股関節を後ろに下げながらしゃがむ。ダンベルを，ハンドル部分が膝関節の中心に来るまで下ろす。
4. 肩の位置を膝より少し前にする。肩が膝より前に位置していなければ，このポジションになるまで膝を伸展する。
5. 股関節，膝関節，足関節を伸展し，床を強く踏み込む。このジャンプ動作を行うことで，キャッチ動作で安定したポジションをとる前に，一度踵を床から浮かせることになる。
6. 体がフルエクステンションしたら，力強くシュラッグし，ダンベルを持ち上げる。
7. 完全にシュラッグしたら，ダンベルを肋骨に沿って脇の下まで引き上げる。
8. この姿勢から，体をダンベルの下に潜り込ませ，肘を回して，ダンベルの下端が肩に乗るように，クウォータースクワットのポジションでキャッチする。
9. このラックポジションでは，頭を起こし，背すじをまっすぐにし，肘を高く保ち，膝がつま先より後ろにある状態を維持する。
10. ダンベルを肩の位置でキャッチしたら，膝関節，股関節を伸展し，一度直立姿勢をとり，フロントスクワットに移行する。

よく起こるエラー

- スタンスを，肩幅より広くしたり狭くしたりしてしまう。
- スタートポジションで，肩がダンベルの前ではなく，真上か後ろに来てしまう。
- 体がフルエクステンションし，完全にシュラッグする前に肘を曲げてしまう。
- ダンベルをまっすぐ脇の下に引き上げるのではなく，弧を描くように動かしてしまう。
- キャッチの際，股関節を後ろに動かしながらしゃがむのではなく，膝を前に出してしまう。

- 肘を高く壁に向けるのではなく，床に向けてキャッチしてしまう。
- ダンベルを肩に乗せてラックポジションをとるのに十分な位置よりも深すぎるポジションでキャッチしてしまう。

フロントスクワットの動作とポイント

1. ダンベルの下端を肩の上に乗せる。肘を高く持ち上げ，ダンベルの上端が下端の高さよりも低くならないようにする。
2. スタンスを肩幅にとる。
3. 背すじをまっすぐにし，頭を下げないようにする。
4. 姿勢を維持しながら，股関節を後ろに動かし，スクワット動作を始める。
5. 大腿が床と平行になるまでしゃがむ。股関節の中心が，膝関節の中心と同じ高さか，下に位置するはずである。
6. 踵を床につけたままにする。両膝は，つま先よりも少し前，真上，少し後ろのいずれかに位置させる。
7. 殿部を最初に持ち上げるのではなく，頭からスタートポジションに戻る。背すじをまっすぐにし，頭を下げないようにする。
8. フロントスクワットを終えたら，パワージャークへと移行する。

よく起こるエラー

- エクササイズ中に背中を丸めると，腰部に過度なストレスがかかり，ケガをしやすくなる。
- ボトムポジションで，大腿が床と平行になっていない。
- 動作を始める時に，股関節を後ろに動かすのではなく，膝を前に動かし，踵を浮かせてしまう。
- ダンベルを，コントロールしながらではなく速い動作で下ろしてしまう。

パワージャークの動作とポイント

1. スタンスを肩幅にとり，ダンベルを持って肩に乗せる。
2. 垂直跳びを行う時の深さまでしゃがむ。踵は床につけておく。
3. ボトムポジションに達したら，素早く立ち上がり，足で床を踏みつけ，その力を下半身，体幹部，上半身へと伝えていく。このジャンプ動作を行うことで，キャッチ動作で安定したポジションをとる前に，一度踵を床から浮かせることになる。この時の反動によって，ダンベルが少し肩から持ち上がる。
4. ダンベルが肩から離れたら，腕を伸ばし，素早い動作で肩の真上に押し上げる。腕を使うのは，ダンベルを正しい位置に移動させるためであり，肩のプレス動作は極力使わないようにする。

5. トップポジションで一旦静止してから，ダンベルを肩に戻す。ハングクリーンのスタートポジションに戻り，次のレップを行う。

よく起こるエラー

- スタンスを，肩幅より広くしたり狭くしたりしてしまう。
- 動作を始める時に，股関節ではなく膝関節　　　　を屈曲してしまう。
- 動作を素早く切り返さず，ボトムポジションで止めてしまう。
- ダンベルが肩から離れる時に，腕を使うタイミングが早すぎる。
- ショルダープレスと同じスピードでダンベルを持ち上げてしまう。
- ダンベルを肩に戻す前に，トップポジションで静止していない。

ハングクリーン〜フロントスクワット

ハングクリーンの動作とポイント

1. スタンスを肩幅にとる。
2. 腕をまっすぐ下ろし，ダンベルを脚の側面に持つ。
3. 背すじをまっすぐにし，頭を起こし，股関節を後ろに下げながらしゃがむ。ダンベルを，ハンドル部分が膝関節の中心に来るまで下ろす。
4. 肩の位置を膝より少し前にする。肩が膝より前に位置していなければ，このポジションになるまで膝を伸展する。
5. 股関節，膝関節，足関節を伸展し，床を強く踏み込む。このジャンプ動作を行うことで，キャッチ動作で安定したポジションをとる前に，一度踵を床から浮かせることになる。
6. 体がフルエクステンションしたら，力強くシュラッグし，ダンベルを持ち上げる。
7. 完全にシュラッグしたら，ダンベルを肋骨に沿って脇の下まで引き上げる。
8. この姿勢から，体を下に潜り込ませ，肘を回して，ダンベルの下部が肩に乗るように，パラレルスクワットのポジションでキャッチする。
9. 踵を床につけたまま，パラレルスクワットになるところまで，殿部を後ろに下ろしていくようにしゃがむ。
10. このラックポジションでは，頭を起こし，背すじをまっすぐにし，肘を高く保ち，膝がつま先より後ろにある状態を維持する。
11. ダンベルをフルスクワットのポジションでキャッチしたら，膝関節，股関節を伸展し，一度直立姿勢をとり，フロントスクワットに移行する。

よく起こるエラー

- スタンスを，肩幅より広くしたり狭くしたりしてしまう。

- スタートポジションで，肩がダンベルの前ではなく，真上か後ろに来てしまう。
- 体がフルエクステンションし，完全にシュラッグする前に肘を曲げてしまう。
- ダンベルをまっすぐ脇の下に引き上げるのではなく，弧を描くように動かしてしまう。
- キャッチの際，股関節を後ろに動かしながらしゃがむのではなく，膝を前に出してしまう。
- 肘を高く壁に向けるのではなく，床に向けてキャッチしてしまう。
- ダンベルを肩に乗せてラックポジションをとるのに十分な位置よりも深すぎるポジションでキャッチしてしまう。

フロントスクワットの動作とポイント

1. ダンベルの下部を肩の上に乗せる。肘を高く持ち上げ，ダンベルの上部が下部の高さよりも低くならないようにする。
2. スタンスを肩幅にとる。
3. 背すじをまっすぐにし，頭を下げないようにする。
4. 姿勢を維持しながら，股関節を後ろに動かし，スクワット動作を始める。
5. 大腿が床と平行になるまでしゃがむ。股関節の中心が，膝関節の中心と同じ高さか，下に位置する。
6. 踵を床につけたままにする。両膝は，つま先よりも少し前，真上，少し後ろのいずれかに位置する。
7. 殿部を最初に持ち上げるのではなく，頭からスタートポジションに戻る。背すじをまっすぐにし，頭を下げないようにする。

よく起こるエラー

- エクササイズ中に背中を丸めると，腰部に過度なストレスがかかり，ケガをしやすくなる。
- ボトムポジションで，大腿が床と平行になっていない。
- 動作を始める時に，股関節を後ろに動かすのではなく，膝を前に動かし，踵を浮かせてしまう。
- ダンベルを，コントロールしながらではなく速い動作で下ろしてしまう。

スクワット〜ハング・パワースナッチ

スクワットの動作とポイント

1. 腕を体側に沿ってまっすぐ下ろし，ダンベルを持つ。
2. スタンスを肩幅にとる。
3. 背すじをまっすぐにし，頭を下げないようにする。

4. 姿勢を維持しながら，股関節を後ろに動かし，スクワット動作を始める。
5. 大腿が床と平行になるまでしゃがむ。股関節の中心が，膝関節の中心と同じ高さか，下に位置するはずである。
6. 踵を床につけたままにする。両膝は，つま先よりも少し前，真上，少し後ろのいずれかに位置させる。
7. 殿部を最初に持ち上げるのではなく，頭からスタートポジションに戻る。背すじをまっすぐにし，頭を下げないようにする。
8. ハング・パワースナッチを行うため，ハングポジションをとる。

よく起こるエラー

- エクササイズ中に背中を丸めると，腰部に過度なストレスがかかり，ケガをしやすくなる。
- ボトムポジションで，大腿が床と平行になっていない。
- 動作を始める時に，股関節を後ろに動かすのではなく，膝を前に動かし，踵を浮かせてしまう。
- ダンベルを，コントロールしながらではなく速い動作で下ろしてしまう。

ハング・パワースナッチの動作とポイント

1. スタンスを肩幅にとる。
2. 腕をまっすぐ下ろし，ダンベルを脚の側面に持つ。
3. 背すじをまっすぐにし，頭を起こし，股関節を後ろに下げながらしゃがむ。ダンベルを，ハンドル部分が膝関節の中心に来るまで下ろす（フルムーブメントで行う場合，スタートポジションは脛の中間部となる）。
4. 肩の位置を膝より少し前にする。肩が膝より前に位置していなければ，このポジションになるまで膝を伸展する。
5. 股関節，膝関節，足関節を伸展し，床を踏み込む。このジャンプ動作を行うことで，キャッチ動作で安定したポジションをとる前に，一度踵を床から浮かせることになる。
6. 体がフルエクステンションしたら，力強くシュラッグし，ダンベルを持ち上げる。
7. 完全にシュラッグしたら，ダンベルを肋骨に沿って脇の下まで引き上げる。腕を伸ばして肩の真上でキャッチするところまで，一挙動でダンベルを引き上げ続ける。ダンベルをキャッチするタイミングで，股関節を屈曲し，体を下に潜り込ませ，セミスクワットの姿勢をとる。
8. ダンベルを肩の真上でキャッチしたら，膝関節，股関節を伸展し，直立姿勢になって，ダンベルを頭上でコントロールした後，スクワットのスタートポジションに戻る。

よく起こるエラー

- スタンスを，肩幅より広くしたり狭くしたりしてしまう。
- スタートポジションで，肩がダンベルの前ではなく，真上か後ろに来てしまう。
- 体がフルエクステンションし，完全にシュラッグする前に肘を曲げてしまう。
- ダンベルを，股関節，肩，耳の真上にまっすぐ動かさず，弧を描くように動かしてしまう。
- キャッチの際，股関節を後ろに動かしながらしゃがむのではなく，膝を前に出してしまう。
- ダンベルをコントロールして，トップポジションで完全に停止させずに下ろしてしまう。

スクワット〜スプリット・オルタネイティングフット・スナッチ

スクワットの動作とポイント

1. 腕を体側に沿って，まっすぐにし，ダンベルを持つ。
2. スタンスを肩幅にとる。
3. 背すじをまっすぐにし，頭を下げないようにする。
4. 姿勢を維持しながら，股関節を後ろに動かし，スクワット動作を始める。
5. 大腿が床と平行になるまでしゃがむ。股関節の中心が，膝関節の中心と同じ高さか，下に位置する。
6. 踵を床につけたままにする。両膝は，つま先よりも少し前，真上，少し後ろのいずれかに位置する。
7. 殿部を最初に持ち上げるのではなく，頭からスタートポジションに戻る。背すじをまっすぐにし，頭を下げないようにする。
8. スプリット・オルタネイティングフット・スナッチを行うため，脛の中間部にダンベルを位置させる。

よく起こるエラー

- エクササイズ中に背中を丸めると，腰部に過度なストレスがかかり，ケガをしやすくなる。
- ボトムポジションで，大腿が床と平行になっていない。
- 動作を始める時に，股関節を後ろに動かすのではなく，膝を前に動かし，踵を浮かせてしまう。
- ダンベルを，コントロールしながらではなく速い動作で下ろしてしまう。

スプリット・オルタネイティングフット・スナッチの動作とポイント

1. スタンスを肩幅にとる。
2. 腕をまっすぐ下ろし，ダンベルを脚の側面に持つ。
3. 背すじをまっすぐにし，頭を起こし，股関節を後ろに下げながらしゃがむ。ダンベルのハンドル部分を望ましい位置まで下ろす（ハングポジションから動作を行う場合，ハンドル部分が膝関節の中心に来るようにスタートポジションをとる。フルムーブメントで行う場合，脛の中間部に来るようにスタートポジションをとる）。
4. 肩の位置を膝より少し前にする。肩が膝より前に位置していなければ，このポジションになるまで膝を伸展する。
5. 股関節，膝関節，足関節を伸展し，床を踏み込む。このジャンプ動作を行うことで，キャッチ動作で安定したポジションをとる前に，一度踵を床から浮かせることになる。
6. 体がフルエクステンションしたら，力強くシュラッグし，ダンベルを持ち上げる。
7. 完全にシュラッグしたら，ダンベルを肋骨に沿って脇の下まで引き上げる。
8. 腕を伸ばして肩の真上でキャッチするところまで，一挙動でダンベルを引き上げ続ける。ダンベルをキャッチするタイミングで，左足を前，右足を後ろに広げ，ランジポジションをとる。
9. ダンベルを肩の真上でキャッチしたら，左足を後ろ，右足を前に動かして，スタートポジションに戻る。
10. 両足がそろったら，スクワットのスタートポジションに戻る。スプリット・オルタネイティングフット・スナッチの部分では，レップごとに左右の足を入れ替える。

よく起こるエラー

- スタンスを，肩幅より広くしたり狭くしたりしてしまう。
- ハングポジションからの動作で，ダンベルの位置が膝関節より上や下になってしまう。
- スタートポジションで，肩がダンベルの前ではなく，真上か後ろに来てしまう。
- 体がフルエクステンションし，完全にシュラッグする前に肘を曲げてしまう。
- ダンベルを，股関節，肩，耳の真上にまっすぐ動かさず，弧を描くように動かしてしまう。
- 体を沈めてダンベルをキャッチするために，前足を十分前に踏み込めない。
- ダンベルをコントロールして，トップポジションで完全に停止させずに下ろしてしまう。
- 両足をスタートポジションに戻す前に，ダンベルを下ろしてしまう。

スクワット～スプリット・オルタネイティングフット・オルタネイティングアーム・スナッチ

スクワットの動作とポイント

1. 腕を体側に沿ってまっすぐにし，ダンベルを持つ。
2. スタンスを肩幅にとる。
3. 背すじをまっすぐにし，頭を下げないようにする。
4. 姿勢を維持しながら，股関節を後ろに動かし，スクワット動作を始める。
5. 大腿が床と平行になるまでしゃがむ。股関節の中心が，膝関節の中心と同じ高さか下に位置するはずである。
6. 踵を床につけたままにする。両膝は，つま先よりも少し前，真上，少し後ろのいずれかに位置させる。
7. 殿部を最初に持ち上げるのではなく，頭からスタートポジションに戻る。背すじをまっすぐにし，頭を下げないようにする。
8. スプリット・オルタネイティングフット・オルタネイティングアーム・スナッチを行うため，脛の中間部にダンベルを位置させる。

よく起こるエラー

- エクササイズ中に背中を丸めると，腰部に過度なストレスがかかり，ケガをしやすくなる。
- ボトムポジションで，大腿が床と平行になっていない。
- 動作を始める時に，股関節を後ろに動かすのではなく，膝を前に動かし，踵を浮かせてしまう。
- ダンベルを，コントロールしながらではなく速い動作で下ろしてしまう。

スプリット・オルタネイティングフット・オルタネイティングアーム・スナッチの動作とポイント

1. スタンスを肩幅にとる。
2. 腕をまっすぐ下ろし，ダンベルを脚の側面に持つ。
3. 背すじをまっすぐにし，頭を起こし，股関節を後ろに下げながらしゃがむ。ダンベルのハンドル部分を望ましい位置まで下ろす（ハングポジションから動作を行う場合，ハンドル部分が膝関節の中心に来るようにスタートポジションをとる。フルムーブメントで行う場合，脛の中間部に来るようにスタートポジションをとる）。
4. 肩の位置を膝より少し前にする。肩が膝より前に位置していなければ，このポジションになるまで膝を伸展する。

5. 股関節，膝関節，足関節を伸展し，床を踏み込む。このジャンプ動作を行うことで，キャッチ動作で安定したポジションをとる前に，一度踵を床から浮かせることになる。
6. 体がフルエクステンションしたら，力強くシュラッグし，ダンベルを持ち上げる。
7. 完全にシュラッグしたら，左手に持ったダンベルを肋骨に沿って脇の下まで引き上げる。
8. 左腕を伸ばして左肩の真上でキャッチするところまで，一挙動でダンベルを引き上げ続ける。ダンベルをキャッチするタイミングで，左足を前，右足を後ろに広げ，ランジポジションをとる。
9. ダンベルを左肩の真上にキャッチしたら，左足を後ろ，右足を前に動かして，スタートポジションに戻る。このポジションで一旦静止する。
10. ダンベルを下ろして，スクワットのスタートポジションに戻る。
11. レップごとに，スプリットポジションの脚とダンベルを支える腕の左右を入れ替える。

よく起こるエラー

- スタンスを，肩幅より広くしたり狭くしたりしてしまう。
- ハングポジションからの動作で，ダンベルの位置が膝関節より上や下になってしまう。
- スタートポジションで，肩がダンベルの前ではなく，真上か後ろに来てしまう。
- 体がフルエクステンションし，完全にシュラッグする前に肘を曲げてしまう。
- ダンベルを，股関節，肩，耳の真上にまっすぐ動かさず，弧を描くように動かしてしまう。
- 体を沈めて，ダンベルをキャッチするために，前足を十分前に踏み込めていない。
- ダンベルをコントロールして，トップポジションで完全に停止させずに下ろしてしまう。
- 両足をスタートポジションに戻す前に，ダンベルを下ろしてしまう。

プログラムの作成

　これまでの章でダンベルトレーニングの利点を理解し，エクササイズの方法について学んできたので，次は目標を達成するためのトレーニングプログラムの作成について学ぶ時である。以降の6つの章では，プログラムの作成について述べる。

　第8～10章は，スポーツを目的としたプログラムではなく，フィットネス，減量，筋肥大を目的としたプログラムについての章である。第8章と第9章は，今回の改訂により新たに取り扱う項目である。フィットネスは，体重の管理やQOL（生活の質）の維持のために，非常に重要である。多くの人が必要とする領域でもある。

　第11～13章のスポーツについての分野は，パワー，スピード，バランスの3つに分類した。すべてのスポーツ種目を扱うのは不可能なので，類似した特徴を持つスポーツの事例を示すことにした。例えば，パワースポーツの章では，陸上の投擲種目，バスケットボール，バレーボールについてのトレーニングプログラムを示した。3つのスポーツでは生理学的要求が異なるが，どれもパフォーマンスのために高いレベルでのパワー発揮を必要とする。パワー向上のためのトレーニングについての情報をレビューし，その情報をどのようにトレーニングプログラムに反映するかを理解することで，フットボールや棒高跳びなど，パワー発揮を必要とする他のスポーツのトレーニングプログラムも作成できるはずである。これは，スピード，バランスの領域，さらにフィットネス，減量の領域にも応用できる。与えられた情報を活用し，スポーツや他のゴールを達成するためにプログラムを作成，実践し，その結果を検証したうえでプログラムを修正するという，一連の作業を行っていかなければならない。

　プログラムを修正していくプロセスに終わりはなく，より良いものを常に作成し続けなければならない。このプロセスを続けるうえで，プログラムの作成は，目指すところではなく，現在のトレーニングの状態を基に行わなければならない。つまり，ステップ1の状態から，ステップ2を飛ばして，ステップ3のプログラムを行うのではなく，必ずステップ2を経て次のステップへと移行しなければならない。ストレスに対する適応には時間が必要であり，トレーニングは漸進的に進めていく必要がある。このようなアプローチにより，プログラムを飛躍的に進めてしまい，ケガを引き起こすという事態を避けることができる。

フィットネスのための トレーニング

　フィットネスのためのトレーニングは，年齢に関係なく，生活の一部とする必要がある。運動を規則的に行うことは，健康を増進し，病気などのリスクを低くする効果があり，生涯を通して様々な利益を得ることができる。フィットネス増進のために，本章で扱うのは，レジスタンストレーニングである。レジスタンストレーニングの詳細とプログラム例は，本章の後半部分に示す。その他に，有酸素運動，柔軟運動，正しい食生活なども，フィットネスのために重要ではあるが，本書では扱わない。

　レジスタンストレーニングのプログラムに定期的に参加することには，以下のような多くの利点がある。

- 慢性的な疾患の予防
- ウエイトコントロール
- 筋力の向上
- 体脂肪の減少
- 骨密度の増加，関節の保護
- 心肺機能の向上
- 筋持久力，有酸素能力の向上
- 睡眠の改善
- うつのリスク減少
- 気力，自尊心の増加
- ストレス減少
- 寿命の延長

　それに反して，運動不足の場合，以下のリスクが高まる。

- 血圧上昇
- 血中コレステロールの増加

> **知ってる？**
>
> 　フィットネスのための時間を作ることは，優先順位の問題である。規則的に運動することを，生活の中で優先しなければならない。そのための1つの方法は，一緒にトレーニングする人やグループを見つけることである。トレーニングに来ることを期待して待っている人がいた方が，トレーニングに参加しやすい。

- 心臓発作
- 2型糖尿病
- 心臓疾患
- ガン

レジスタンストレーニングのガイドライン

これまでの章や本章から得られる情報を使って，フィットネス向上のための効果的なレジスタンストレーニングのプログラムを作成することができる。ワークアウト例については，本章の後半で示す。

(((セット数とレップ数

レジスタンストレーニングのプログラムは，最初のフィットネスレベルによって，6〜8種目，1〜2セット，6〜10レップで始めるのが妥当である。まずは，設定されたレップ数を比較的簡単に行える重量を選択し，徐々に強度を高めていく。よく起こる誤りとして，時期尚早に重量を高く設定してしまうことが挙げられる。これは，絶対に避けなければならないことである。ボリュームと強度は，徐々に上げていくことが原則である。

(((トレーニング頻度

レジスタンストレーニングのプログラムを初めて行う場合，あるいは，ある程度の時間のトレーニングをした経験がない場合，最初の2〜4週間は週2回の頻度で十分である。その後，レジスタンストレーニングに興味を持てば，週3回に増やしていけばよい。

(((エクササイズの選択

プログラムを構成する主なエクササイズは，多関節の動作のものを選択すべきである。

知ってる？

フィットネスのプログラムを始める時によくある間違いは，時期尚早に高重量でトレーニングしてしまうことである。多くの場合，やる気をなくしてしまうほどの極度の筋肉痛が起こる。ボリュームと強度を，辛抱強く少しずつ上げていく必要がある。長期的にみれば，これが最良のアプローチである。

なぜなら，多関節の動作は，単関節の動作よりも，多くの筋を動員するからである。単関節のエクササイズを行ってもよいが，あくまで多関節のエクササイズを主にした方がよい。単関節のエクササイズには，アームカール，フライなどがあり，多関節のエクササイズには，パワークリーン，スクワット，ベンチプレスなどがある。

（（ テクニックの習得

　各エクササイズについて，適切なテクニックを習得しなければならない。ウエイトを扱う際は，反動動作を行わないようにする。低重量で始め，筋力に合わせて徐々に重量を上げていく。テクニックを疎かにして，強度を上げようとする誤りはよくみられる。トレーニングに用いる負荷が逆効果にならないよう，適切な重量を選択しなければならない。

ワークアウトのスケジュール例

　本章では，久しぶりに，あるいは初めてプログラムに参加する人に対し，3つのサイクルからなるレジスタンストレーニングプログラムを紹介する。最初のサイクルは，低ボリューム，低強度を用いた導入期である。ここでは4週間で徐々にボリュームと強度を上げていき，レジスタンストレーニングに適応する。

　2つ目のサイクルでは，トレーニング頻度を上げ，週2回から週3回に移行していく。セット数，レップ数，エクササイズの種目数も増加し，トレーニング全体のボリュームも増える。このサイクルでは，週2回（月曜日と金曜日）は筋肥大，週1回（水曜日）は筋力向上を目的としたトレーニングを行う。このサイクルは，低負荷で行う導入期の後なので，通常の筋肥大のトレーニングよりも低いボリュームで始める。時期尚早に高重量を扱わないための配慮である。

　続いて，週2回（月曜日と金曜日）は筋力，週1回（水曜日）は筋肥大を目的としたトレーニングを行うサイクルとなる。主なゴールは，筋肥大を継続しつつ，筋力を高めるところにある。2回の筋力向上のトレーニングでは，前サイクルよりもレップ数を減少させる。逆に，筋肥大のトレーニングでは，前サイクルよりもレップ数を増加させる。これにより，筋肥大により注力できる。

一般的フィットネス期 1

月曜日（導入）

期　間　4週間。
ゴール　導入的にレジスタンストレーニングを行い，テクニックを身につける。
強　度　各セットのレップ数を完全に行える重量を設定する。
ペース　2秒で挙上し，3秒で下降させる。
レスト　セット間，エクササイズ間とも2分。

セット数とレップ数

週	導　入
1	TB = 1 × 3 CL = 1 × 5 AL = 1 × 5
2	TB = 1 × 5 CL = 1 × 7 AL = 1 × 7
3	TB = 2 × 3 CL = 2 × 5 AL = 2 × 5
4	TB = 2 × 5 CL = 2 × 7 AL = 2 × 7

	1週目	2週目	3週目	4週目
全　身				
プッシュプレス（TB）	1 × 3	1 × 5	2 × 3	2 × 5
挙上重量				
下半身				
スクワット（CL）	1 × 5	1 × 7	2 × 5	2 × 7
挙上重量				
レッグカール（AL）	1 × 5	1 × 7	2 × 5	2 × 7
挙上重量				
体幹部				
サイドベンド	1 × 10	1 × 10	2 × 7	2 × 7
挙上重量				
上半身				
ベンチプレス（CL）	1 × 5	1 × 7	2 × 5	2 × 7
挙上重量				
ワイドグリップ・ロー（CL）	1 × 5	1 × 7	2 × 5	2 × 7
挙上重量				

略語の説明：TB（total body）：全身エクササイズ，CL（core lift）：コアリフト，AL（auxiliary lift）：単関節エクササイズ。詳細については，第2章，p.18〜22参照。

一般的フィットネス期 1

木曜日（導入）

期　間　4 週間。

ゴール　導入的にレジスタンストレーニングを行い，テクニックを身につける。

強　度　各セットのレップ数を完全に行える重量を設定する。

ペース　2 秒で挙上し，3 秒で下降させる。

レスト　セット間，エクササイズ間とも 2 分。

セット数とレップ数

週	導　入
1	TB = 1 × 3 CL = 1 × 5 AL = 1 × 5
2	TB = 1 × 5 CL = 1 × 7 AL = 1 × 7
3	TB = 2 × 3 CL = 2 × 5 AL = 2 × 5
4	TB = 2 × 5 CL = 2 × 7 AL = 2 × 7

	1 週目	2 週目	3 週目	4 週目
全　身				
パワークリーン（TB）	1 × 3	1 × 5	2 × 3	2 × 5
挙上重量				
下半身				
フロントスクワット（CL）	1 × 5	1 × 7	2 × 5	2 × 7
挙上重量				
ストレートレッグ・デッドリフト（CL）	1 × 5	1 × 7	2 × 5	2 × 7
挙上重量				
体幹部				
ツイスティング・クランチ	1 × 10	1 × 10	2 × 7	2 × 7
挙上重量				
上半身				
インクラインプレス（CL）	1 × 5	1 × 7	2 × 5	2 × 7
挙上重量				
ベントオーバー・ラテラルレイズ（AL）	1 × 5	1 × 7	2 × 5	2 × 7
挙上重量				

一般的フィットネス期 2

月曜日 （筋肥大）

期　間　4 週間。

ゴール　筋肥大に重点を置き，ボリュームと強度を徐々に高くする。

強　度　各セットのレップ数を完全に行える重量を設定する。

ペース　2 秒で挙上し，3 秒で下降させる。

レスト　セット間，エクササイズ間とも 1 分 30 秒。

セット数とレップ数

週	筋肥大
1	TB = 3 × 5 CL = 3 × 7 AL = 3 × 8
2	TB = 3 × 4 CL = 3 × 6 AL = 3 × 8
3	TB = 3 × 6 CL = 3 × 8 AL = 3 × 8
4	TB = 3 × 4 CL = 3 × 7 AL = 3 × 8

	1 週目	2 週目	3 週目	4 週目
全　身				
フロントスクワット〜パワージャーク（TB）	3 × 5	3 × 4	3 × 6	3 × 4
挙上重量				
下半身				
ランジ（CL）	3 × 7	3 × 6	3 × 8	3 × 7
挙上重量				
ラテラルスクワット（CL）	3 × 7	3 × 6	3 × 8	3 × 7
挙上重量				
体幹部				
トウタッチ	3 × 15	3 × 15	3 × 15	3 × 15
挙上重量				
上半身				
インクラインプレス（CL）	3 × 7	3 × 6	3 × 8	3 × 7
挙上重量				
ワイドグリップ・ロー（CL）	3 × 7	3 × 6	3 × 8	3 × 7
挙上重量				
ダンベル・ドラッグカール（AL）	3 × 8	3 × 8	3 × 8	3 × 8
挙上重量				

水曜日（筋力）

期　　間	4 週間。
ゴール	筋力向上に重点を置き，ボリュームと強度を徐々に高くする。
強　　度	各セットのレップ数を完全に行える重量を設定する。
ペース	2 秒で挙上し，2 秒で下降させる。
レスト	セット間，エクササイズ間とも 2 分。

セット数とレップ数

週	筋　　力
1	TB = 3 × 3 CL = 3 × 5 AL = 3 × 6
2	TB = 3 × 2 CL = 3 × 4 AL = 3 × 6
3	TB = 3 × 3 CL = 3 × 5 AL = 3 × 6
4	TB = 3 × 2 CL = 3 × 4 AL = 3 × 6

	1 週目	2 週目	3 週目	4 週目
全　身				
パワージャーク（TB）	3 × 3	3 × 2	3 × 3	3 × 2
挙上重量				
下半身				
スクワット（CL）	3 × 5	3 × 4	3 × 5	3 × 4
挙上重量				
ストレートレッグ・デッドリフト（CL）	3 × 5	3 × 4	3 × 5	3 × 4
挙上重量				
体幹部				
V アップ	3 × 10	3 × 10	3 × 10	3 × 10
挙上重量				
上半身				
ダンベル・プッシュアップ（CL）	3 × 5	3 × 4	3 × 5	3 × 4
挙上重量				
アップライト・ロー（CL）	3 × 5	3 × 4	3 × 5	3 × 4
挙上重量				
トライセプス・エクステンション（AL）	3 × 6	3 × 6	3 × 6	3 × 6
挙上重量				

金曜日（筋肥大）

期　間　4 週間。

ゴール　筋肥大に重点を置き，ボリュームと強度を徐々に高くする。

強　度　各セットのレップ数を完全に行える重量を設定する。

ペース　2 秒で挙上し，3 秒で下降させる。

レスト　セット間，エクササイズ間とも 1 分 30 秒。

セット数とレップ数

週	筋肥大
1	TB = 3 × 5 CL = 3 × 7 AL = 3 × 8
2	TB = 3 × 4 CL = 3 × 6 AL = 3 × 8
3	TB = 3 × 6 CL = 3 × 8 AL = 3 × 8
4	TB = 3 × 4 CL = 3 × 7 AL = 3 × 8

	1 週目	2 週目	3 週目	4 週目
全　身				
パワークリーン～フロントスクワット（TB）	3 × 5	3 × 4	3 × 6	3 × 4
挙上重量				
下半身				
ゴブレットスクワット（CL）	3 × 7	3 × 6	3 × 8	3 × 7
挙上重量				
レッグカール（AL）	3 × 7	3 × 6	3 × 8	3 × 7
挙上重量				
体幹部				
アブホイール	3 × 15	3 × 15	3 × 15	3 × 15
挙上重量				
上半身				
デクラインプレス（CL）	3 × 7	3 × 6	3 × 8	3 × 7
挙上重量				
ベントオーバー・ラテラルレイズ（AL）	3 × 8	3 × 8	3 × 8	3 × 8
挙上重量				
ダンベル・ドラッグカール（AL）	3 × 8	3 × 8	3 × 8	3 × 8
挙上重量				

一般的フィットネス期 3

月曜日（筋力）

期　間　4 週間。

ゴール　筋力向上に重点を置き，ボリュームと強度を徐々に高くする。

強　度　各セットのレップ数を完全に行える重量を設定する。

ペース　2 秒で挙上し，2 秒で下降させる。

レスト　セット間，エクササイズ間とも 2 分。

セット数とレップ数

週	筋力
1	TB = 4 × 4 CL = 4 × 5 AL = 3 × 6
2	TB = 4 × 3 CL = 4 × 4 AL = 3 × 6
3	TB = 4 × 4 CL = 4 × 4 AL = 3 × 6
4	TB = 4 × 3 CL = 4 × 3 AL = 3 × 6

	1 週目	2 週目	3 週目	4 週目
全　身				
ハング・パワースナッチ（TB）	4 × 4	4 × 3	4 × 4	4 × 3
挙上重量				
下半身				
シングルレッグ・スクワット（CL）	4 × 5	4 × 4	4 × 4	4 × 3
挙上重量（各脚）				
サイドランジ（CL）	4 × 5	4 × 4	4 × 4	4 × 3
挙上重量				
体幹部				
デクライン・ツイスティング・クランチ	3 × 12	3 × 12	3 × 12	3 × 12
挙上重量				
上半身				
リバース・ワイドグリップ・ベンチプレス（CL）	4 × 5	4 × 4	4 × 4	4 × 3
挙上重量				
ワイドグリップ・ロー（CL）	4 × 5	4 × 4	4 × 4	4 × 3
挙上重量				
ゾットマンカール（AL）	3 × 6	3 × 6	3 × 6	3 × 6
挙上重量				

── 水曜日（筋肥大）──

期　間　4 週間。

ゴール　筋肥大に重点を置き，ボリュームと強度を徐々に高くする。

強　度　各セットのレップ数を完全に行える重量を設定する。

ペース　2 秒で挙上し，3 秒で下降させる。

レスト　セット間，エクササイズ間とも 1 分 30 秒。

セット数とレップ数

週	筋肥大
1	TB = 4 × 6 CL = 4 × 10 AL = 3 × 12
2	TB = 4 × 4 CL = 4 × 8 AL = 3 × 12
3	TB = 4 × 6 CL = 4 × 12 AL = 3 × 12
4	TB = 4 × 4 CL = 4 × 8 AL = 3 × 12

	1 週目	2 週目	3 週目	4 週目
全　身				
フロントスクワット〜パワージャーク（TB）	4 × 6	4 × 4	4 × 6	4 × 4
挙上重量				
下半身				
ランジ（CL）	4 × 10	4 × 8	4 × 12	4 × 8
挙上重量				
ストレートレッグ・デッドリフト（CL）	4 × 10	4 × 8	4 × 12	4 × 8
挙上重量				
体幹部				
オルタネイティング・トウタッチ	3 × 20	3 × 20	3 × 20	3 × 20
挙上重量				
上半身				
シングルアーム・ベンチプレス（CL）	4 × 10	4 × 8	4 × 12	4 × 8
挙上重量（各腕）				
ロー（CL）	4 × 10	4 × 8	4 × 12	4 × 8
挙上重量				
トライセプス・エクステンション（AL）	3 × 12	3 × 12	3 × 12	3 × 12
挙上重量				

--- 金曜日（筋力）---

期　間　4週間。

ゴール　筋力向上に重点を置き，ボリュームと強度を徐々に高くする。

強　度　各セットのレップ数を完全に行える重量を設定する。

ペース　2秒で挙上し，2秒で下降させる。

レスト　セット間，エクササイズ間とも2分。

セット数とレップ数

週	筋　力
1	TB = 4 × 4 CL = 4 × 5 AL = 3 × 6
2	TB = 4 × 3 CL = 4 × 4 AL = 3 × 6
3	TB = 4 × 4 CL = 4 × 5 AL = 3 × 6
4	TB = 4 × 3 CL = 4 × 4 AL = 3 × 6

	1週目	2週目	3週目	4週目
全　身				
パワージャーク（TB）	4 × 4	4 × 3	4 × 4	4 × 3
挙上重量				
下半身				
フロントスクワット（CL）	4 × 5	4 × 3	4 × 5	4 × 3
挙上重量				
体幹部				
バックエクステンション（AL）	3 × 6	3 × 6	3 × 6	3 × 6
挙上重量				
オルタネイティング・Vアップ	3 × 12	3 × 12	3 × 12	3 × 12
挙上重量				
上半身				
デクラインプレス（CL）	4 × 5	4 × 3	4 × 5	4 × 3
挙上重量				
アップライト・ロー（CL）	4 × 5	4 × 3	4 × 5	4 × 3
挙上重量				
リバースカール（AL）	3 × 6	3 × 6	3 × 6	3 × 6
挙上重量				

第9章

減量のためのトレーニング

　世界保健機構（WHO）の情報によれば，世界の肥満者の数は，1975年から約3倍に達し，あらゆる年齢層に広がっているとされる（WHO 2018）。このまま同じような速度で肥満が増加し続けると，高齢者層の虚弱の最大の原因になりかねない（Beavers et al. 2017）。さらにWHOは，過去20年，小児肥満の増加についても指摘している。

　過体重や肥満は，次のような健康問題を引き起こす。

- 心臓疾患や心臓発作のリスク増
- 高血圧
- 糖尿病
- ガン
- 胆嚢疾患や胆石
- 痛風
- 呼吸困難
- 変形性関節症
- 脂肪肝
- 腎臓疾患

　過体重と肥満は，糖尿病，循環器系の疾患，ガンなどのリスクを高めるというエビデンス（科学的根拠）があるため，その急激な増加は重大な問題であるといえる。体脂肪減少のためのトレーニングプログラムの多くは，主として有酸素運動を行うものとなっている。一般的にこうした有酸素運動は，決められた時間内に継続的にトレーニングを行う形式や，高強度のトレーニングの間に低強度のトレーニングを行うインターバルトレーニングの形式で行われる。

　一方，レジスタンストレーニングは，ウエイトコントロールの有効な手段であるにもかかわらず，体脂肪減少を目的とする場合にはあまり活用されることがない。一般に，レジスタンストレーニングは，筋肥大，筋力とパワーの向上などの

ために行われる。

　しかし，最近の減量や体重維持のためのエクササイズのガイドラインでは，トレーニングプランの1つとして，レジスタンストレーニングを導入するようになってきている。レジスタンストレーニングと有酸素トレーニングを組み合わせた場合，レジスタンストレーニングを加えたからといって減量の効果が助長されるわけではないことが多い。しかし，レジスタンストレーニングを行わず，食事制限を行った場合，体脂肪と筋の両方が失われてしまう。筋量が減少すると，新陳代謝が低下するという影響がある。一方，レジスタンストレーニングを行った場合，筋量は維持されるか増加するので，安静時の基礎代謝量も維持されるか増えることになる。安静時に身体機能を維持するためのカロリーは，1日に消費する総カロリーに大きく影響を及ぼすことから，このことは非常に重要である。

　次に，「体脂肪の減少を目的とする場合，どのようなレジスタンストレーニングのプログラムが最も効果的か」ということが，疑問としてあがってくる。効果的なプログラムは，頻度，負荷，セット数，レップ数，レスト（休憩）の長さ，順序，動作スピード，使用する機器などの変数をうまく操作することによって得られる。現時点で，エネルギーを最大に消費するためにプログラムをどのようにデザインすればよいかは，確かではない。しかし，最新の研究から，体脂肪減少を目的とするレジスタンストレーニングのガイドラインが，次のように示されている。

知ってる？

　減量プログラムにレジスタンストレーニングを含めることは重要である。レジスタンストレーニングを含めずに食事制限だけで減量を行った場合，体脂肪だけでなく筋肉も失われてしまう。筋量が減少すると，日常の基礎代謝量も減少するため，減量が困難になる。減量中に筋量を維持もしくは増加させることは，有効な手段だといえる。

　まずエビデンスでは，レジスタンストレーニングをサーキット形式で行うとよいとされている。サーキットトレーニングでは，8種目を，3セット，10〜12レップ行う。最初は，設定されたレップ数を行えるように中強度の重量を選択する。そして，徐々に強度を高くしていく。2日続けて，3セットのすべてのレップを正しいフォームで行えたら，斬新的に負荷を上げていく。

　研究結果によると，動作スピードについては，50％1RMくらいの中強度で，最大限

爆発的にトレーニングすることで，ワークアウト後のリカバリー中も含め，多くのエネルギーを消費することができる。爆発的動作については，年齢，整形外科的な問題の有無，フィットネスレベルを考慮したうえで，徐々に行っていかなくてはならない。

　エクササイズやサーキット間のレストの時間については一般的なものが示されているが，このプログラムでは，研究でも示されているように，リカバリーの度合いによって自身で決定することが勧められる（Roberson et al. 2017）。この方法の方がサーキットトレーニングを継続しやすいようであり，生涯を通してトレーニングを生活の一部にすることがゴールとなるためである。

　また，多関節動作を多く用いることも推奨される。なぜなら，単関節動作よりも多関節動作の方が，多くの筋を動員することで，より多くのエネルギーを消費するからである。レッグエクステンションよりもスクワット，フライよりもベンチプレスなどが，例としてあげられる。以下に示すプログラム例は，このような情報に基づいて作成されたものである。

> **知ってる？**
>
> 　忍耐は，減量における重要なカギである。急速に減量することは，決して安全であるとはいえない。減量は，何週間，何ヵ月，何年もの間，正しい食習慣と，しっかりと計画された規則的なトレーニングを行うことによって達成されるべき，生涯にわたる目標である。

ワークアウトのスケジュール例

　以下に示すワークアウトの配列は，何ヵ月もトレーニングを行っていないか，全く初めて行うというコンディションを想定して作成した。前述したように，早すぎる段階で過剰な重量でトレーニングを行ってしまい，極度の筋肉痛を起こしたり，意欲を失ったりするという過ちを犯しがちである。ここに示したプログラムの配列で，辛抱強く，段階を追って進めていってほしい。

減量期 1

─ 月曜日（導入）─

期　間 4週間。

ゴール 導入的にレジスタンストレーニングを行い，テクニックを身につける。

強　度 各セットのレップ数を完全に行える重量を設定する。

ペース 2秒で挙上し，3秒で下降させる。

レスト 自身で決定する。

セット数とレップ数

週	導　入
1	TB = 1 × 3 CL = 1 × 5 AL = 1 × 5
2	TB = 1 × 5 CL = 1 × 7 AL = 1 × 7
3	TB = 2 × 3 CL = 2 × 5 AL = 2 × 5
4	TB = 2 × 5 CL = 2 × 7 AL = 2 × 7

	1週目	2週目	3週目	4週目
			サーキット	サーキット
全　身				
プッシュプレス（TB）	1 × 3	1 × 5	2 × 3	2 × 5
挙上重量				
下半身				
スクワット（CL）	1 × 5	1 × 7	2 × 5	2 × 7
挙上重量				
レッグカール（AL）	1 × 5	1 × 7	2 × 5	2 × 7
挙上重量				
体幹部				
クランチ	1 × 10	1 × 10	2 × 7	2 × 7
挙上重量				
上半身				
ベンチプレス（CL）	1 × 5	1 × 7	2 × 5	2 × 7
挙上重量				
ロー（CL）	1 × 5	1 × 7	2 × 5	2 × 7
挙上重量				

略語の説明： TB（total body）：全身エクササイズ，CL（core lift）：コアリフト，AL（auxiliary lift）：単関節エクササイズ。詳細については，第2章，p.18〜22参照。

木曜日（導入）

期　間 4週間。
ゴール 導入的にレジスタンストレーニングを行い，テクニックを身につける。
強　度 各セットのレップ数を完全に行える重量を設定する。
ペース 2秒で挙上し，3秒で下降させる。
レスト 自身で決定する。

セット数とレップ数

週	導　入
1	TB = 1 × 3 CL = 1 × 5 AL = 1 × 5
2	TB = 1 × 5 CL = 1 × 7 AL = 1 × 7
3	TB = 2 × 3 CL = 2 × 5 AL = 2 × 5
4	TB = 2 × 5 CL = 2 × 7 AL = 2 × 7

減量期 1

	1週目	2週目	3週目	4週目
			サーキット	サーキット
全　身				
パワークリーン（TB）	1 × 3	1 × 5	2 × 3	2 × 5
挙上重量				
下半身				
フロントスクワット（CL）	1 × 5	1 × 7	2 × 5	2 × 7
挙上重量				
ストレートレッグ・デッドリフト（CL）	1 × 5	1 × 7	2 × 5	2 × 7
挙上重量				
体幹部				
ツイスティング・クランチ	1 × 10	1 × 10	2 × 7	2 × 7
挙上重量				
上半身				
インクラインプレス（CL）	1 × 5	1 × 7	2 × 5	2 × 7
挙上重量				
ベントオーバー・ラテラルレイズ（AL）	1 × 5	1 × 7	2 × 5	2 × 7
挙上重量				

減量期 2

月曜日

期　間　4 週間。

ゴール　ボリュームと強度を徐々に高くする。

強　度　各セットのレップ数を完全に行える重量を設定する。

ペース　2 秒で挙上し，コントロールして下降させる。

レスト　自身で決定する。

セット数とレップ数

週	
1	TB = 3 × 5 CL = 3 × 8
2	TB = 3 × 4 CL = 3 × 6
3	TB = 3 × 6 CL = 3 × 9
4	TB = 3 × 4 CL = 3 × 7

	1 週目	2 週目	3 週目	4 週目
	サーキット	サーキット	サーキット	サーキット
全　身				
フロントスクワット～プッシュプレス（TB）	3 × 5	3 × 4	3 × 6	3 × 4
挙上重量				
下半身				
スクワット（CL）	3 × 8	3 × 6	3 × 9	3 × 7
挙上重量				
ストレートレッグ・デッドリフト（CL）	3 × 8	3 × 6	3 × 9	3 × 7
挙上重量				
体幹部				
プレスクランチ	3 × 15	3 × 18	3 × 20	3 × 20
挙上重量				
上半身				
ベンチプレス（CL）	3 × 8	3 × 6	3 × 9	3 × 7
挙上重量				
ショルダープレス（CL）	3 × 8	3 × 6	3 × 9	3 × 7
挙上重量				
ワイドグリップ・ロー（CL）	3 × 8	3 × 6	3 × 9	3 × 7
挙上重量				

水曜日

期　　間　4週間。

ゴール　ボリュームと強度を徐々に高くする。

強　　度　各セットのレップ数を完全に行える重量を設定する。

ペース　2秒で挙上し，コントロールして下降させる。

レスト　自身で決定する。

セット数とレップ数

週	
1	TB = 3 × 5 CL = 3 × 8
2	TB = 3 × 4 CL = 3 × 6
3	TB = 3 × 6 CL = 3 × 9
4	TB = 3 × 4 CL = 3 × 7

	1週目	2週目	3週目	4週目
	サーキット	サーキット	サーキット	サーキット
全　身				
パワークリーン～フロントスクワット（TB）	3 × 5	3 × 4	3 × 6	3 × 4
挙上重量				
下半身				
ランジ（CL）	3 × 8	3 × 6	3 × 9	3 × 7
挙上重量				
ラテラルスクワット（CL）	3 × 8	3 × 6	3 × 9	3 × 7
挙上重量				
体幹部				
ツイスティング・クランチ	3 × 15	3 × 18	3 × 20	3 × 20
挙上重量				
上半身				
インクラインプレス（CL）	3 × 8	3 × 6	3 × 9	3 × 7
挙上重量				
アップライト・ロー（CL）	3 × 8	3 × 6	3 × 9	3 × 7
挙上重量				
バリープレス（CL）	3 × 8	3 × 6	3 × 9	3 × 7
挙上重量				

金曜日

期　間 4週間。

ゴール ボリュームと強度を徐々に高くする。

強　度 各セットのレップ数を完全に行える重量を設定
する。

ペース 2秒で挙上し，コントロールして下降させる。

レスト 自身で決定する。

セット数とレップ数

週	
1	TB = 3 × 5 CL = 3 × 8
2	TB = 3 × 4 CL = 3 × 6
3	TB = 3 × 6 CL = 3 × 9
4	TB = 3 × 4 CL = 3 × 7

	1週目	2週目	3週目	4週目
	サーキット	サーキット	サーキット	サーキット
全 身				
スクワット〜ハング・パワースナッチ（TB）	3 × 5	3 × 4	3 × 6	3 × 4
挙上重量				
下半身				
ゴブレットスクワット（CL）	3 × 8	3 × 6	3 × 9	3 × 7
挙上重量				
ホッケーランジ（CL）	3 × 8	3 × 6	3 × 6	3 × 7
挙上重量				
体幹部				
オルタネイティング・Vアップ	3 × 15	3 × 18	3 × 20	3 × 20
挙上重量				
上半身				
デクラインプレス（CL）	3 × 8	3 × 6	3 × 9	3 × 7
挙上重量				
ワイドグリップ・ロー（CL）	3 × 8	3 × 6	3 × 9	3 × 7
挙上重量				
リバース・インクライン・トラッププレス（CL）	3 × 8	3 × 6	3 × 9	3 × 7
挙上重量				

減量期 3

月曜日

期　間　4 週間。
ゴール　ボリュームと強度を徐々に高くする。
強　度　各セットのレップ数を完全に行える重量を設定する。
ペース　素早く挙上し，コントロールして下降させる。
レスト　自身で決定する。

セット数とレップ数

週	
1	TB = 4 × 6 CL = 4 × 12 AL = 4 × 12
2	TB = 4 × 5 CL = 4 × 10 AL = 4 × 12
3	TB = 4 × 6 CL = 4 × 12 AL = 4 × 12
4	TB = 4 × 5 CL = 4 × 10 AL = 4 × 12

	1 週目 サーキット	2 週目 サーキット	3 週目 サーキット	4 週目 サーキット
全　身				
パワークリーン〜フロントスクワット〜パワージャーク（TB）	4 × 6	4 × 5	4 × 6	4 × 5
挙上重量				
下半身				
スクワット（CL）	4 × 12	4 × 10	4 × 12	4 × 10
挙上重量				
ストレートレッグ・デッドリフト（CL）	4 × 12	4 × 10	4 × 12	4 × 10
挙上重量				
体幹部				
サイドベンド	4 × 20	4 × 20	4 × 20	4 × 20
挙上重量				
上半身				
リバース・ワイドグリップ・ベンチプレス（CL）	4 × 12	4 × 10	4 × 12	4 × 10
挙上重量				
ロー（CL）	4 × 12	4 × 10	4 × 12	4 × 10
挙上重量				
ゾットマンカール（AL）	4 × 12	4 × 12	4 × 12	4 × 12
挙上重量				
トライセプス・エクステンション（AL）	4 × 12	4 × 12	4 × 12	4 × 12
挙上重量				

減量期 3

水曜日

期　間　4 週間。
ゴール　筋力向上に重点を置き，ボリュームと強度を徐々に高くする。
強　度　各セットのレップ数を完全に行える重量を設定する。
ペース　素早く挙上し，コントロールして下降させる。
レスト　すべてのセット，エクササイズ間で 2 分。

セット数とレップ数

週	
1	TB = 4 × 6 CL = 4 × 12 AL = 4 × 12
2	TB = 4 × 5 CL = 4 × 10 AL = 4 × 12
3	TB = 4 × 6 CL = 4 × 12 AL = 4 × 12
4	TB = 4 × 5 CL = 4 × 10 AL = 4 × 12

	1 週目	2 週目	3 週目	4 週目
全　身				
フロントスクワット～パワージャーク（TB）	4 × 6	4 × 5	4 × 6	4 × 5
挙上重量				
下半身				
リバースランジ（CL）	4 × 12	4 × 10	4 × 12	4 × 10
挙上重量				
サイドランジ（CL）	4 × 12	4 × 10	4 × 12	4 × 10
挙上重量				
体幹部				
アブホイール	4 × 20	4 × 20	4 × 20	4 × 20
挙上重量				
上半身				
クローズグリップ・インクラインプレス（CL）	4 × 12	4 × 10	4 × 12	4 × 10
挙上重量				
アップライト・ロー（CL）	4 × 12	4 × 10	4 × 12	4 × 10
挙上重量				
ダンベル・ドラッグカール（AL）	4 × 12	4 × 12	4 × 12	4 × 12
挙上重量				
スタンディング・フレンチプレス（AL）	4 × 12	4 × 12	4 × 12	4 × 12
挙上重量				

金曜日

期　　間	4 週間。
ゴール	筋肥大に重点を置き，ボリュームと強度を徐々に高くする。
強　　度	各セットのレップ数を完全に行える重量を設定する。
ペース	素早く挙上し，コントロールして下降させる。
レスト	すべてのセット，エクササイズ間で 2 分。

セット数とレップ数

週	
1	TB = 4 × 6 CL = 4 × 12 AL = 4 × 12
2	TB = 4 × 5 CL = 4 × 10 AL = 4 × 12
3	TB = 4 × 6 CL = 4 × 12 AL = 4 × 12
4	TB = 4 × 5 CL = 4 × 10 AL = 4 × 12

減量期 3

	1 週目	2 週目	3 週目	4 週目
全　身				
ハングクリーン〜フロントスクワット〜パワージャーク（TB）	4 × 6	4 × 5	4 × 6	4 × 5
挙上重量				
下半身				
シングルレッグ・フロントスクワット（CL）	4 × 12	4 × 10	4 × 12	4 × 10
挙上重量				
ホッケーランジ（CL）	4 × 12	4 × 10	4 × 12	4 × 10
挙上重量				
体幹部				
デクライン・プレスクランチ	4 × 20	4 × 20	4 × 20	4 × 20
挙上重量				
上半身				
アーノルドプレス（CL）	4 × 12	4 × 10	4 × 12	4 × 10
挙上重量				
ワイドグリップ・ロー（CL）	4 × 12	4 × 10	4 × 12	4 × 10
挙上重量				
ゾットマンカール（AL）	4 × 12	4 × 12	4 × 12	4 × 12
挙上重量				
スカルクラッシャー（AL）	4 × 12	4 × 12	4 × 12	4 × 12
挙上重量				

第10章

筋肥大のためのトレーニング

　見た目を良くしたり，競技パフォーマンスを高めるという理由で，筋のサイズを大きくすること（筋肥大）を目的としてウエイトトレーニングを行う人は多い。目的が筋肥大である場合，経験者の経験を参考にするとともに，科学的な考えを理解するということは重要である。この2つの組み合わせ，つまり経験とエビデンス（科学的根拠）に基づく実践は，様々な問題を解決するうえで有効なアプローチであり，プログラムデザインの基礎となる。

　ボディビルダーは主に筋のサイズにより評価されるが，彼らが行っているプログラムを参考にすると，同じことを繰り返し行っていることに気づくであろう。ほとんどのボディビルダーは，8～12レップのセットを行う。もちろん，もっと多かったり少なかったりすることもあるが，一般的にこの範囲で行うことが多い。また，たいてい，4～6セットを60～90秒のレスト（休憩）で行う。このプロトコルは，長い間，筋のサイズを増加させるための方法として使われている。

　このアプローチは，科学的根拠に裏づけされたものである。研究により，短いレストと高レップの組み合わせにより，エクササイズ前後を比較して，有意にテストステロン，ヒト成長ホルモン，インスリン様成長因子の数値が高くなることが報告されている。これらそれぞれのホルモンが，筋肥大に有効に作用する。

　4～6セット，8～12レップを60～90秒のレストで行うことに加えて，適応が起こるように十分な強度になるよう，配慮しなければならない。著者の場合，パーセンテージ法よりも，レップ数を基にした強度の設定を行っている。筋肥大のためのプログラムの場

> **知ってる？**
>
> 　人それぞれ，筋肥大に対する遺伝的潜在性が異なる。つまり，すべての人が，劇的に筋のサイズを大きくできるわけではない。筋肥大を目的とする場合，各個人相応の結果を目指すことになる。現実的な目標を掲げ，それを達成するように努力すべきである。

合，トレーニングのボリュームを高く保つことが有利であり，正しいフォームで
すべてのレップを行うことができる最大の負荷で行う必要がある。セット間の休
憩時間が短いため，設定されたレップ数をすべて行うには，セットごとに負荷を
下げていく必要がある。

　1週間で何回のワークアウトを行うかというトレーニングの頻度についても，
考えなければならない。特に，トレーニング経験がない場合には，週2回の頻
度で筋肥大に対する適応がみられるであろうが，もっと真剣に筋のサイズを大き
くしたければ，週3回の頻度が必要になる。さらに，筋肥大に特化してトレー
ニングをするのであれば，週4〜6回の頻度で行うことになる。

　筋肥大トレーニングのためのさらなる提案として，レッグエクステンションな
どの単関節エクササイズよりも，スクワットなどの多関節エクササイズを主とし
たプログラムを行うべきである。これには，2つの有利な点がある。第一に，よ
り多くの筋を動員することで，より多くの筋を刺激することができる。スクワッ
トでは，大腿四頭筋，ハムストリング，殿筋群，腰部などの筋を動員する。しか
し，レッグエクステンションでは，大腿四頭筋を動員できるだけである。第二に，
より多くの筋を動員できれば，より高いホルモンの応答がなされる。ホルモン応
答が高くなれば，筋肥大の可能性も高くなる。

　オリンピックリフティングは，通常動作スピードに特化するため，低レップ（6
レップ以下），長いレストで，爆発的動作で
行われるので，筋肥大が目的である場合には
あまり用いられない。しかし，コンビネーショ
ンエクササイズの形で行うことによって，筋
肥大的な適応を促すことができる。ダンベル・
パワークリーン〜スクワット〜パワージャー
クの連続した動作がこれに当たる。まず，ダ
ンベルでパワークリーンを行い，ダンベルを
肩に乗せたまま，すぐにフロントスクワット
を行う。スクワットから立ち上がったところ
から，パワージャークを行う。これらの動作
を組み合わせることによって，多くの筋を動

知ってる？

　筋肥大のためのトレーニング
を効果的に行うには，いくつか
の変数を操作する必要がある。
まず，レップ数は一般的に8〜
12回とする。次に，動作のスピー
ドは，通常2〜3秒で上げ，3
〜4秒で下ろすといった，比較
的ゆっくりしたスピードとする。
さらに，多くの筋を動員する多
関節のエクササイズを，少ない筋
しか動員できない単関節エクサ
サイズよりも重点的に行う。

員することができ，結果として筋肥大の可能性を高めることができる。これは，様々なエクササイズを組み合わせる全身エクササイズの1例で，4～6セット，4～6レップを90秒のレストで行うことができる。

　結論として，筋肥大を目的とする場合，4～6セット，8～12レップ（オリンピッククリフティングは例外とする）を，セット間およびエクササイズ間を60～90秒のレストで行う。設定されたレップ数をちょうど行える重さか，やや重い負荷を選択し，多関節エクササイズを主に，週3回以上行うことで，効果が得られる。

ワークアウトのスケジュール例

　プログラム例を見ていくことにする。最初のワークアウトは，筋肥大だけを目的としている。2つ目のワークアウトは，第一の目的を筋肥大，第二の目的を筋力向上としている。第二のワークアウトでは，2組の変数操作をしている。筋肥大のための変数操作と筋力向上のための変数操作である。

筋肥大期

月曜日

期　間　5 週間。
ゴール　筋のサイズを大きくする。
強　度　各セットのレップ数を完全に行える重量を設定する。
ペース　全身エクササイズは，爆発的に行う。他のエクササ
イズは，可能な限り爆発的に挙上し，コントロール
して下降させる。
レスト　全身エクササイズのセット間は 1 分 30 秒，他はセッ
ト間，エクササイズ間とも 1 分。

セット数とレップ数

週	筋肥大
1	TB = 4 × 6 CL = 4 × 8 AL = 3 × 10
2	TB = 4 × 4 CL = 4 × 10 AL = 3 × 10
3	TB = 4 × 6 CL = 4 × 8 AL = 3 × 10
4	TB = 4 × 5 CL = 4 × 12 AL = 3 × 10
5	TB = 4 × 3 CL = 4 × 6 AL = 3 × 10

	1 週目	2 週目	3 週目	4 週目	5 週目
全 身					
フロントスクワット〜パワージャーク（TB）	4 × 6	4 × 4	4 × 6	4 × 5	4 × 3
挙上重量					
下半身					
スクワット（CL）	4 × 8	4 × 10	4 × 8	4 × 12	4 × 6
挙上重量					
レッグカール（CL）	4 × 8	4 × 10	4 × 8	4 × 12	4 × 6
挙上重量					
体幹部					
トウタッチ	3 × 20	3 × 20	3 × 20	3 × 20	3 × 20
挙上重量					
ツイスティング・バックエクステンション	3 × 12	3 × 12	3 × 12	3 × 12	3 × 12
挙上重量					
上半身					
ワイドグリップ・ロー（CL）	4 × 8	4 × 10	4 × 8	4 × 12	4 × 6
挙上重量					
ベントオーバー・ラテラルレイズ（AL）	3 × 10	3 × 10	3 × 10	3 × 10	3 × 10
挙上重量					

略語の説明：TB（total body）：全身エクササイズ，CL（core lift）：コアリフト，AL（auxiliary lift）：単関節エクササイズ。詳細については，第 2 章，p.18 〜 22 参照。

筋肥大期

水曜日

期　間　5週間。
ゴール　筋のサイズを大きくする。
強　度　各セットのレップ数を完全に行える重量を設定する。
ペース　全身エクササイズは，爆発的に行う。他のエクササイズは，可能な限り爆発的に挙上し，コントロールして下降させる。
レスト　全身エクササイズのセット間は1分30秒，他はセット間，エクササイズ間とも1分。

セット数とレップ数

週	筋肥大
1	TB = 4 × 6 CL = 4 × 8 AL = 3 × 10
2	TB = 4 × 4 CL = 4 × 10 AL = 3 × 10
3	TB = 4 × 6 CL = 4 × 8 AL = 3 × 10
4	TB = 4 × 5 CL = 4 × 12 AL = 3 × 10
5	TB = 4 × 3 CL = 4 × 6 AL = 3 × 10

	1週目	2週目	3週目	4週目	5週目
全身					
パワークリーン～フロントスクワット（TB）	4 × 6	4 × 4	4 × 6	4 × 5	4 × 3
挙上重量					
下半身					
ランジ（CL）	4 × 8	4 × 10	4 × 8	4 × 12	4 × 6
挙上重量					
サイドランジ（CL）	4 × 8	4 × 10	4 × 8	4 × 12	4 × 6
挙上重量					
体幹部					
デクライン・ツイスティング・クランチ	3 × 20	3 × 20	3 × 20	3 × 20	3 × 20
挙上重量					
Vアップ	3 × 20	3 × 20	3 × 20	3 × 20	3 × 20
挙上重量					
上半身					
バリープレス（CL）	4 × 8	4 × 10	4 × 8	4 × 12	4 × 6
挙上重量					
スタンディング・アップワードフライ（AL）	3 × 10	3 × 10	3 × 10	3 × 10	3 × 10
挙上重量					

金曜日

期　間　5 週間。

ゴール　筋のサイズを大きくする。

強　度　各セットのレップ数を完全に行える重量を設定する。

ペース　全身エクササイズは，爆発的に行う。他のエクササイズは，可能な限り爆発的に挙上し，コントロールして下降させる。

レスト　全身エクササイズのセット間は 1 分 30 秒，他のは，セット間，エクササイズ間とも 1 分。

セット数とレップ数

週	筋肥大
1	TB = 4 × 6 CL = 4 × 8 AL = 3 × 10
2	TB = 4 × 4 CL = 4 × 10 AL = 3 × 10
3	TB = 4 × 6 CL = 4 × 8 AL = 3 × 10
4	TB = 4 × 5 CL = 4 × 12 AL = 3 × 10
5	TB = 4 × 3 CL = 4 × 6 AL = 3 × 10

筋肥大期

	1 週目	2 週目	3 週目	4 週目	5 週目
全　身					
スクワット〜ハング・パワースナッチ（TB）	4 × 6	4 × 4	4 × 6	4 × 5	4 × 3
挙上重量					
体幹部					
オルタネイティング・プレスクランチ	3 × 20	3 × 20	3 × 20	3 × 20	3 × 20
挙上重量					
ストレートレッグ・デッドリフト	3 × 12	3 × 12	3 × 12	3 × 12	3 × 12
挙上重量					
上半身					
デクラインプレス（CL）	4 × 8	4 × 10	4 × 8	4 × 12	4 × 6
挙上重量					
フライ（AL）	3 × 10	3 × 10	3 × 10	3 × 10	3 × 10
挙上重量					
アーノルドプレス（CL）	4 × 8	4 × 10	4 × 8	4 × 12	4 × 6
挙上重量					
アームサークル（AL）	3 × 10	3 × 10	3 × 10	3 × 10	3 × 10
挙上重量					

筋肥大・筋力期

── 月曜日（筋肥大） ──

期　　間　5週間。

ゴール　筋のサイズを大きくし，筋力を向上させる。

強　　度　各セットのレップ数を完全に行える重量を設定する。

ペース　全身エクササイズは，爆発的に行う。他のエクササイズは，可能な限り爆発的に挙上し，3秒で下降させる。

レスト　全身エクササイズのセット間は1分30秒，他はセット間，エクササイズ間とも1分。

セット数とレップ数

週	筋肥大
1	TB = 4 × 6 CL = 4 × 8 AL = 3 × 10
2	TB = 4 × 4 CL = 4 × 10 AL = 3 × 10
3	TB = 4 × 6 CL = 4 × 8 AL = 3 × 10
4	TB = 4 × 5 CL = 4 × 12 AL = 3 × 10
5	TB = 4 × 3 CL = 4 × 6 AL = 3 × 10

	1週目	2週目	3週目	4週目	5週目
全　身					
フロントスクワット〜スプリット・オルタネイティングフット・ジャーク（TB）	4 × 6	4 × 4	4 × 6	4 × 4	4 × 3
挙上重量					
下半身					
ゴブレットスクワット（CL）	4 × 8	4 × 10	4 × 8	4 × 12	4 × 6
挙上重量					
ストレートレッグ・デッドリフト（CL）	4 × 8	4 × 10	4 × 8	4 × 12	4 × 6
挙上重量					
体幹部					
Vアップ	3 × 20	3 × 30	3 × 20	3 × 20	3 × 20
挙上重量					
バックエクステンション	3 × 12	3 × 12	3 × 12	3 × 12	3 × 12
挙上重量					
上半身					
プルオーバー（CL）	4 × 8	4 × 10	4 × 8	4 × 12	4 × 6
挙上重量（各腕）					
ベントオーバー・ラテラルレイズ（AL）	3 × 10	3 × 10	3 × 10	3 × 10	3 × 10
挙上重量					

―――　**水曜日（筋力）**　―――

期　間　5 週間。

ゴール　筋のサイズを大きくし，筋力を向上させる。

強　度　1 セット目のみレップ数を完全に行える重量を設定する。

ペース　全身エクササイズは，爆発的に行う。他のエクササイズは，可能な限り爆発的に挙上し，2 秒で下降させる。

レスト　すべてのセット間，エクササイズ間とも 2 分。

セット数とレップ数

週	筋　力
1	TB = 4 × 3 CL = 4 × 5
2	TB = 4 × 5 CL = 4 × 7
3	TB = 4 × 3 CL = 4 × 5
4	TB = 4 × 5 CL = 4 × 7
5	TB = 4 × 2 CL = 4 × 5

筋肥大・筋力期

	1 週目	2 週目	3 週目	4 週目	5 週目
全　身					
パワークリーン～フロントスクワット（TB）	4 × 3	4 × 5	4 × 3	4 × 5	4 × 3
挙上重量					
下半身					
スモウ・デッドリフト（CL）	4 × 5	4 × 7	4 × 5	4 × 7	4 × 5
挙上重量					
ホッケーランジ（CL）	4 × 5	4 × 7	4 × 5	4 × 7	4 × 5
挙上重量					
体幹部					
デクライン・クランチ	3 × 15	3 × 15	3 × 15	3 × 15	3 × 15
挙上重量					
ツイスティング・バックエクステンション	3 × 10	3 × 10	3 × 10	3 × 10	3 × 10
挙上重量					
上半身					
リバースワイドグリップ・ベンチプレス（CL）	4 × 5	4 × 7	4 × 5	4 × 7	4 × 5
挙上重量					
オルタネイティング・ショルダープレス（CL）	4 × 5	4 × 7	4 × 5	4 × 7	4 × 5
挙上重量					

金曜日（筋肥大）

期　間　5週間。

ゴール　筋のサイズを大きくし，筋力を向上させる。

強　度　各セットのレップ数を完全に行える重量を設定する。

ペース　全身エクササイズは，爆発的に行う。他のエクササイズは，可能な限り爆発的に挙上し，3秒で下降させる。

レスト　全身エクササイズのセット間は1分30秒，他はセット間，エクササイズ間とも1分。

セット数とレップ数

週	筋肥大
1	TB = 4 × 6 CL = 4 × 8
2	TB = 4 × 4 CL = 4 × 10
3	TB = 4 × 6 CL = 4 × 8
4	TB = 4 × 5 CL = 4 × 12
5	TB = 4 × 3 CL = 4 × 6

	1週目	2週目	3週目	4週目	5週目
全　身					
スクワット〜ハング・パワースナッチ（TB）	4 × 6	4 × 4	4 × 6	4 × 5	4 × 3
挙上重量					
下半身					
オルタネイティング・ベンチプレス（CL）	4 × 8	4 × 10	4 × 8	4 × 12	4 × 6
挙上重量					
デクラインプレス（CL）	4 × 8	4 × 10	4 × 8	4 × 12	4 × 6
挙上重量					
体幹部					
デクライン・プレスクランチ	3 × 20	3 × 30	3 × 20	3 × 20	3 × 20
挙上重量					
ツイスティング・クランチ	3 × 20	3 × 30	3 × 20	3 × 20	3 × 20
挙上重量					
上半身					
ロー（CL）	4 × 8	4 × 10	4 × 8	4 × 12	4 × 6
挙上重量					
アップライト・ロー（CL）	4 × 8	4 × 10	4 × 8	4 × 12	4 × 6
挙上重量					

パワー向上のための トレーニング

　パワー向上のためのトレーニングについて話を進める前に，パワーとは何かについて定義しなければならない。パワーは2つの方法で算出することができる。1つは，仕事量を時間で割る方法，もう1つは，力とスピードを掛け合わせてワット数で表記する方法である。多くのスポーツの多くのアスリートにおいて，パワーを発揮する能力は，成功のカギとなる。バスケットボール選手が高くジャンプしてダンクシュートをしたり，スプリンターがスターティングブロックから爆発的に飛び出したり，ディフェンスラインの選手が相手のブロックをかいくぐり，クウォーターバックにサックしたりする場面を思い浮かべてほしい。これらは，競技中に，短時間で大きな力を発揮している例である。しかし，パワフルな動作が必要とされるのは，スポーツの場面に限らない。例えば，滑ってバランスを崩してしまった時には，それを立て直すためにパワフルな動作が必要になる。高齢者の転倒は，つまづいたり滑ったりした後，バランスを立て直すためのパワーが不足しているために起こっている。加齢とともに，椅子から立ち上がったり，部屋を行き来したりするために，パワーの発揮が必要となってくる。結果として，パワーの発揮は，アスリートに限らず，一般の人々にも重要な要素であるといえる。

　パワーのためのトレーニングは，その人が行っているスポーツなどの活動における個別のニーズに基づいて行う必要がある。例えば，バレーボール選手もレスラーも，パワフルである必要がある。しかし，2つのスポーツの身体的ニーズは大きく異なる。バレーボールの試合中にかかる負荷は，自身の体重とボールによる衝撃だけであるのに対し，レスリングはコンタクトスポーツなので，自身の体重だけでなく，相手の体重や圧力に対抗できなくてはならない。したがって，バレーボール選手のパワー期のトレーニングは，低重量で高スピードを重視して行い，試合期を迎えることになる。一方レスラーは，筋力とパワーの両方を発揮する必要があるので，ある程度の重量を高速でトレーニングしなければならない。一般的フィットネスや，加齢に伴う機能低下を予防するためにトレーニングする

場合，上半身を軽視してよいわけではないが，下半身のパワーを特に重視しなければならない。

　パワー向上のためのトレーニングプログラムを作成する前に，スポーツや他の活動でどのようなニーズがあるのかを確認する必要がある。バレーボールとレスリングの両極の例を挙げたが，バレーボールでは力の発揮よりも動作スピードが重視され，レスリングでは動作スピードよりも力の発揮が重視される。1つのスポーツの中でも，ポジションについて考えると，話はさらに複雑になる。レスリングにおいても，軽量級の選手は重量級の選手に比べて，より速いスピードでのトレーニングが必要となり，重量級の選手はより高重量でのトレーニングが必要となる。つまり，スポーツ別，ポジション別で要求されることが異なるのである。

　パワートレーニングのワークアウトは，1〜6レップで，セット間，エクササイズ間のレスト（休憩）を2〜3分にして行う。筋肥大のプログラムに比べ，レップ数が少なく，レストが長い。しかし，パワー向上のプログラムと他のプログラムの一番の違いは，トレーニングの負荷である。再びバレーボール選手とレスラーを例にとると，バレーボール選手は1RMの30〜60%の負荷を用いてスピードを重視してトレーニングするのに対し，重量級のレスラーは1RMの80〜100%の負荷を，しかしできるだけ速いスピードで，力発揮を重視してトレーニングする。一般的なフィットネスのパワーの向上を目的とする場合，筋力とパワーの両方を組み合わせたアプローチを行う。日常生活においては，筋力とパワーが重要な役割を果たしているからである。また，エクササイズの選択については，実際に行っているスポーツや活動に近い動作を行うことができるものを選択すべきである。多くの場合，バーベルかダンベルを使用して，立った姿勢で行う，多関節のエクササイズを選ぶことになる。

　パワー期のトレーニング方法の1つとして，タイムドエクササイズがあげられる。これは，設定されたレップ数を，特定の時間内で行わなければならない。どのくらいの重量

知ってる？

　パワー系スポーツは，素早く，爆発的で，パワフルな動作から成り立っている。こういったスポーツのためのトレーニングを行う場合，負荷を下げることが最適のアプローチである場合がある。そうすることで，トレーニング速度を強調できるからである。1RMの30%負荷を使用することが推奨される場合もある。

を挙上できるかということから，どれだけ速く重量を動かすことができるかということに，重点が移行する。タイムドエクササイズでは，正しいフォームで，設定されたレップ数すべてを行うことができたら，重量をできるだけ上げていかなければならない。レップ数をすべて終了した時点ではなく，制限時間になったところで，そのセットを終了する。設定されたレップ数よりも多くできた場合は，重量を増加する。レップ数に到達できな

> ### 知ってる？
>
> 　アスリートがパワフルでありたいと思うのは当然のことであるが，パワーはアスリート以外の一般の人にも重要な要素である。事故を避けるために素早く動けることは重要である。つまり，素早く動ける能力は常に必要とされるわけではないが，必要とされる時は重大な局面であることが多いのである。

ければ，動作スピードを速くするよう指示するのだが，それでもできなければ，負荷を下げることになる。タイムドエクササイズを含むワークアウトでは，TL ＝ 3 × 5 ＠ 9 秒などといった表記を目にするだろう。TL はタイムドリフトの略で，5 レップを 3 セット行い，それぞれのセットの 5 レップを 9 秒で行うことを示している。

ワークアウトのスケジュール例

　パワー向上のためのトレーニングの，主にダンベルを用いたワークアウト例をみていく。最初のワークアウトは，パワーのみを目的としている。トレーニング変数は，パワー向上についてのガイドラインに基づいて操作されている。2 つ目のワークアウト例では，パワーを第一のゴール，筋持久力を第二のゴールにしている。つまり，2 つ目のワークアウトでは，パワー向上のためと筋持久力向上のための 2 組の変数操作がなされている。

パワー期

月曜日

期　間　5週間。

ゴール　筋のパワー発揮を高くする。

強　度　全身エクササイズでは，1セット目のみレップ数を完全に行える重量を設定する。タイムドエクササイズでは，特定の時間内に，設定されたレップ数を行う。

ペース　全身エクササイズは，爆発的に行う。他のエクササイズは，可能な限り爆発的に挙上し，特定の時間内に設定されたレップ数を行う。

レスト　全身エクササイズのセット間は2分30秒，他はセット間，エクササイズ間とも2分。

セット数とレップ数

週	パワー
1	TB = 4 × 2 TL = 4 × 5 @ 9秒
2	TB = 4 × 3 TL = 4 × 3 @ 5秒
3	TB = 4 × 2 TL = 4 × 5 @ 9秒
4	TB = 4 × 3 TL = 4 × 3 @ 5秒
5	TB = 4 × 2 TL = 4 × 5 @ 9秒

	1週目	2週目	3週目	4週目	5週目
コンプレックス					
パワークリーン（TB）	4 × 2	4 × 3	4 × 2	4 × 3	4 × 2
挙上重量					
ボックスジャンプ	3 × 6	3 × 6	3 × 6	3 × 6	3 × 6
下半身					
ジャンプスクワット（TL）	4 × 5 @ 9秒	4 × 3 @ 5秒	4 × 5 @ 9秒	4 × 3 @ 5秒	4 × 5 @ 9秒
挙上重量					
サイドランジ（TL）	4 × 5 @ 9秒	4 × 3 @ 5秒	4 × 5 @ 9秒	4 × 3 @ 5秒	4 × 5 @ 9秒
挙上重量					
ストレートレッグ・デッドリフト（TL）	4 × 5 @ 9秒	4 × 3 @ 5秒	4 × 5 @ 9秒	4 × 3 @ 5秒	4 × 5 @ 9秒
挙上重量					
体幹部					
Vアップ	3 × 12	3 × 12	3 × 12	3 × 12	3 × 12
挙上重量					
上半身					
リバース・インクライン・トラッププレス（TL）	4 × 5 @ 9秒	4 × 3 @ 5秒	4 × 5 @ 9秒	4 × 3 @ 5秒	4 × 5 @ 9秒
挙上重量					

略語の説明：TB（total body）：全身エクササイズ，TL（timed lift）：タイムドリフト，CL（core lift）：コアリフト，MB（medicine ball）：メディスンボール。詳細については，第2章，p.18〜22参照。

水曜日

期　間　5週間。

ゴール　筋のパワー発揮を高くする。

強　度　全身エクササイズでは，1セット目のみレップ数を完全に行える重量を設定する。タイムドエクササイズでは，特定の時間内に，設定されたレップ数を行う。

ペース　全身エクササイズは，爆発的に行う。他のエクササイズは，可能な限り爆発的に挙上し，特定の時間内に設定されたレップ数を行う。

レスト　全身エクササイズのセット間は2分30秒，他はセット間，エクササイズ間とも2分。

セット数とレップ数

週	パワー
1	TB = 4 × 2 TL = 4 × 5 @ 9秒
2	TB = 4 × 3 TL = 4 × 3 @ 5秒
3	TB = 4 × 2 TL = 4 × 5 @ 9秒
4	TB = 4 × 3 TL = 4 × 3 @ 5秒
5	TB = 4 × 2 TL = 4 × 5 @ 9秒

パワー期

	1週目	2週目	3週目	4週目	5週目
全　身					
パワースナッチ（TB）	4 × 2	4 × 3	4 × 2	4 × 3	4 × 2
挙上重量					
上半身					
シングルアーム・ベンチプレス（TL）	4 × 5 @ 9秒	4 × 3 @ 5秒	4 × 5 @ 9秒	4 × 3 @ 5秒	4 × 5 @ 9秒
挙上重量（各腕）					
体幹部					
プレスクランチ	3 × 12	3 × 12	3 × 12	3 × 12	3 × 12
挙上重量					
上半身					
アーノルドプレス（TL）	4 × 5 @ 9秒	4 × 3 @ 5秒	4 × 5 @ 9秒	4 × 3 @ 5秒	4 × 5 @ 9秒
挙上重量					
ワイドグリップ・ロー（TL）	4 × 5 @ 9秒	4 × 3 @ 5秒	4 × 5 @ 9秒	4 × 3 @ 5秒	4 × 5 @ 9秒
挙上重量					

パワー期

金曜日

期　間　5週間。

ゴール　筋のパワー発揮を高くする。

強　度　全身エクササイズでは，1セット目のみレップ数を完全に行える重量を設定する。タイムドエクササイズでは，特定の時間内に，設定されたレップ数を行う。

ペース　全身エクササイズは，爆発的に行う。他のエクササイズは，可能な限り爆発的に挙上し，特定の時間内に設定されたレップ数を行う。

レスト　全身エクササイズのセット間は2分30秒，他はセット間，エクササイズ間とも2分。

セット数とレップ数

週	パワー
1	TB = 4 × 2 TL = 4 × 5 @ 9秒
2	TB = 4 × 3 TL = 4 × 3 @ 5秒
3	TB = 4 × 2 TL = 4 × 5 @ 9秒
4	TB = 4 × 3 TL = 4 × 3 @ 5秒
5	TB = 4 × 2 TL = 4 × 5 @ 9秒

	1週目	2週目	3週目	4週目	5週目
全　身					
シングルアーム・パワージャーク（TB）	4 × 2	4 × 3	4 × 2	4 × 3	4 × 2
挙上重量（各腕）					
下半身					
フロントスクワット（TL）	4 × 5 @ 9秒	4 × 3 @ 5秒	4 × 5 @ 9秒	4 × 3 @ 5秒	4 × 5 @ 9秒
挙上重量					
ラテラルスクワット（TL）	4 × 5 @ 9秒	4 × 3 @ 5秒	4 × 5 @ 9秒	4 × 3 @ 5秒	4 × 5 @ 9秒
挙上重量					
体幹部					
オルタネイティング・トウタッチ	3 × 12	3 × 12	3 × 12	3 × 12	3 × 12
挙上重量					
上半身					
インクラインプレス（TL）	4 × 5 @ 9秒	4 × 3 @ 5秒	4 × 5 @ 9秒	4 × 3 @ 5秒	4 × 5 @ 9秒
挙上重量					

パワー・筋持久力期

月曜日（筋持久力）

期　間　5週間。

ゴール　パワーを高め，筋持久力を向上させる。

強　度　各セットのレップ数を完全に行える重量を設定する。

ペース　全身エクササイズは，爆発的に行う。他のエクササイズは，可能な限り爆発的に挙上し，3秒で下降させる。

レスト　全身エクササイズのセット間は1分30秒，他はセット間，エクササイズ間とも1分15秒。

セット数とレップ数

週	筋持久力
1	TB = 4 × 6 CL = 4 × 10
2	TB = 4 × 4 CL = 4 × 8
3	TB = 4 × 6 CL = 4 × 10
4	TB = 4 × 4 CL = 4 × 8
5	TB = 4 × 6 CL = 4 × 10

	1週目	2週目	3週目	4週目	5週目
全　身					
スプリット・オルタネイティングフット・オルタネイティングアーム・ジャーク（TB）	4 × 6	4 × 4	4 × 6	4 × 4	4 × 6
挙上重量					
下半身					
ゴブレットスクワット（CL）	4 × 10	4 × 8	4 × 10	4 × 8	4 × 10
挙上重量					
サイドランジ（CL）	4 × 10	4 × 8	4 × 10	4 × 8	4 × 10
挙上重量					
体幹部					
ツイスティング・クランチ	3 × 15	3 × 15	3 × 15	3 × 15	3 × 15
挙上重量					
ツイスティング・バックエクステンション	3 × 10	3 × 10	3 × 10	3 × 10	3 × 10
挙上重量					
上半身					
アップライト・ロー（CL）	4 × 10	4 × 8	4 × 10	4 × 8	4 × 10
挙上重量					

─── **水曜日（パワー）** ───

期　間　5週間。

ゴール　パワーを高め，筋持久力を向上させる。

強　度　1セット目のみレップ数を完全に行える重量を設定する。

ペース　全身エクササイズは，爆発的に行う。他のエクササイズは，特定の時間内に設定されたレップ数を行えるペースで行う。

レスト　すべてのセット間，エクササイズ間とも2分45秒。

セット数とレップ数

週	パワー
1	TB = 4 × 2 TL = 4 × 3 @ 4秒
2	TB = 4 × 3 TL = 4 × 5 @ 6秒
3	TB = 4 × 2 TL = 4 × 3 @ 4秒
4	TB = 4 × 3 TL = 4 × 5 @ 6秒
5	TB = 4 × 2 TL = 4 × 3 @ 4秒

	1週目	2週目	3週目	4週目	5週目
コンプレックス					
オルタネイティング・パワークリーン（TB）	4 × 2	4 × 3	4 × 2	4 × 3	4 × 2
挙上重量					
デプスジャンプ	3 × 5	3 × 5	3 × 5	3 × 5	3 × 5
下半身					
フロントスクワット（TL）	4 × 3 @ 4秒	4 × 5 @ 6秒	4 × 3 @ 4秒	4 × 5 @ 6秒	4 × 3 @ 4秒
挙上重量					
ストレートレッグ・デッドリフト（TL）	4 × 3 @ 4秒	4 × 5 @ 6秒	4 × 3 @ 4秒	4 × 5 @ 6秒	4 × 3 @ 4秒
挙上重量					
体幹部					
デクライン・オルタネイティング・プレスクランチ	3 × 10	3 × 10	3 × 10	3 × 10	3 × 10
挙上重量					
上半身					
クローズグリップ・インクラインプレス（TL）	4 × 3 @ 4秒	4 × 5 @ 6秒	4 × 3 @ 4秒	4 × 5 @ 6秒	4 × 3 @ 4秒
挙上重量					
MBチェストパス	3 × 6	3 × 6	3 × 6	3 × 6	3 × 6

金曜日（パワー）

期　間　5週間。

ゴール　パワーを高め，筋持久力を向上させる。

強　度　1セット目のみレップ数を完全に行える重量を設定する。

ペース　全身エクササイズは，爆発的に行う。他のエクササイズは，特定の時間内に設定されたレップ数を行えるペースで行う。

レスト　すべてのセット間，エクササイズ間とも2分45秒。

セット数とレップ数

週	パワー
1	TB = 4 × 2 TL = 4 × 3 @ 4秒
2	TB = 4 × 3 TL = 4 × 5 @ 6秒
3	TB = 4 × 2 TL = 4 × 3 @ 4秒
4	TB = 4 × 3 TL = 4 × 5 @ 6秒
5	TB = 4 × 2 TL = 4 × 3 @ 4秒

	1週目	2週目	3週目	4週目	5週目
全　身					
オルタネイティング・パワークリーン（TB）	4 × 2	4 × 3	4 × 2	4 × 3	4 × 2
挙上重量					
上半身					
リバース・ワイドグリップ・ベンチプレス（TL）	4 × 3 @ 4秒	4 × 5 @ 6秒	4 × 3 @ 4秒	4 × 5 @ 6秒	4 × 3 @ 4秒
挙上重量					
シングルアーム・インクラインプレス（TL）	4 × 3 @ 4秒	4 × 5 @ 6秒	4 × 3 @ 4秒	4 × 5 @ 6秒	4 × 3 @ 4秒
挙上重量（各腕）					
体幹部					
オルタネイティング・トウタッチ	3 × 10	3 × 10	3 × 10	3 × 10	3 × 10
挙上重量					
バックエクステンション	3 × 8	3 × 8	3 × 8	3 × 8	3 × 8
挙上重量					
上半身					
オルタネイティング・ショルダープレス（TL）	4 × 3 @ 4秒	4 × 5 @ 6秒	4 × 3 @ 4秒	4 × 5 @ 6秒	4 × 3 @ 4秒
挙上重量					

第12章 スピード系スポーツのための トレーニング

　短距離走で成功をおさめるためには高レベルの筋力も必要であるが，それ以上に必要なのはスピードやパワーといった要素である。陸上短距離，水泳，自転車，ショートトラックスケートといったスポーツにおいては，スピードやパワーをどのように向上させるかを追求しなければならない。本章で紹介するトレーニング方法は，地方大会レベルからトップレベルまで，あらゆるレベルのスピード系スポーツに応用できる。上記のスポーツは筋力を必要とはするが，フットボール，ラグビー，投擲競技ほどではない。それ以上に，高い動作スピードが要求される。動作スピードを向上させるためには，最初に筋力のベースを向上させ，スピードやパワーへと移行させていかなくてはならない。

　動作スピードを高めるトレーニングでは，まず負荷の調整を行わなくてはならない。1 RM の 70 〜 100％の負荷でトレーニングすることで，筋力の向上を期待できるが，スピードを高めるためには異なるアプローチをしなければならない。スピードトレーニングでは，1 RM の 45 〜 70％の負荷を用いる。こうした低重量でのトレーニングは，負荷をかけることよりも，挙上スピードに重点を置く。しかし，このアプローチは，高いレベルの筋力が前提条件となる。

　動作スピードをトレーニングする前に，力を発揮する能力を高めておかなければならない。短距離選手でさえ，スピードだけをトレーニングしておけばいいわけではなく，それ以前に筋力のベースを高めておく必要がある。トラックや水中を最大スピードで進むには，高いレベルの筋力が必要となる。

　タイムドエクササイズは，スピードトレーニングの重要な要素である。本章の後半で紹介する例であるが，4セット，6レップを9秒で行う場合，1レップを1.5秒で挙上する

> **知ってる？**
>
> 　スピードをトレーニングするためには，筋力とパワーの両方の向上が必要となる。つまり，スピードを伴うスポーツや活動のためのプログラムには，筋力とパワーの両方の要素が含まれていなければならない。

必要がある。短距離選手がスピードトレーニ
ングを行う場合，4セット，5レップを6秒
という短時間で挙上する。ここでは，1レッ
プを1.2秒と，さらにスピードに特化したト
レーニングを行うことになる。

　セット間，エクササイズ間に，レスト（休
憩）をどれくらいとるか，1セットに何レッ
プ行うかは，スポーツによって異なる。陸上
短距離，水泳，スケート，自転車では，大き
な違いがある。例えば，水泳自由形（長水路）
100 mの世界記録は，男子46.91秒，女子
51.71秒である。ショートトラックスピード

知ってる？

　スピードを向上させるために
は，まず，強くならなければな
らない。筋力を向上させるため
には，まず，筋のサイズを大き
くしておかなければならない。
トップレベルの短距離選手は，
筋量が多い。彼らは，適切にス
ピードを高めるトレーニングを
行うことができるように，筋肥
大や筋力向上のために多くの時
間を費やす。

スケートの500 mは，男子39.584秒，女子42.325秒である。自転車の500 m（助
走後）世界記録は，男子24.758秒，女子28.970秒である。一方，陸上の100
mは，男子9.58秒，女子10.49秒である。これらの種目すべてが短距離種目と
位置づけられるが，水泳，自転車，スケートでは，陸上競技よりも持久的要素が
必要とされる。このことについては，レストの長さと1セットあたりのレップ
数を操作することによって対処する。水泳，自転車，ショートトラックスケート
では，陸上の100 mよりもレース時間が長いので，その持久的要求に対応する
ため，セット間，エクササイズ間のレストを短く，レップ数を多くする。

ワークアウトのスケジュール例

　最初の例は，陸上短距離選手のためのものである。レース時間が短いという競
技特性を考えて，レストの時間が長く，レップ数が少なくなっている。パワー発
揮を向上させるため，プライオメトリックトレーニングを活用している。競技に
必要な要素に適合するように，筋力とパワーの両方の向上を目指すものになって
いる。

　2つ目の例は，水泳短距離選手のためのものである。競技特性から，陸上の
100 mの選手よりも持久力に重点を置いている。つまり，レストを短くし，レッ

プ数を多くしている。スタート時のジャンプや折り返し時のキックの能力を高めるため，下半身のプライオメトリックエクササイズを取り入れている。さらに，ダンベル・フロントスクワット〜パワージャークのように，2つのエクササイズを組み合わせて行う方法（コンビネーションエクササイズ）を用いている。この方法によって，レップの持続時間が長くなり，持久力向上に繋がる。

　水は，空気に比べて抵抗が大きい。身体に浮力が与えられるため，水中では体重が軽くなる。水泳の短距離種目のレース時間は長いため，スピードトレーニングといえども，パワーだけでなく持久力にも重点を置かなければならない。そのため，全身エクササイズでは，重量設定を低くし，レップ数を多くする。さらに，全身エクササイズでコンビネーションエクササイズを用いて，レップ数を増やしつつ，レストを短くすることで，競技の持久的側面をトレーニングしていくことになる。

　3つ目の例は，自転車短距離選手のためのものである。上記の2つの種目よりもレース時間が長くなる。そのため，より持久力に重点を置いて，変数の操作を行う。つまり，レストを短くし，レップ数を多くする。筋持久力を向上させるためコンビネーションエクササイズを用い，下半身のパワー向上のためにプライオメトリックエクササイズを活用する。

　最後の例は，ショートトラックスケート選手のためのものである。ここでも，レストを短くし，レップ数を多くする。さらに，ウエイトリフティング動作とともに，コンビネーションエクササイズを行う。パワー，スピード，筋持久力などのニーズに合わせ，タイムドエクササイズやプライオメトリックエクササイズを用いる。

パワー期：陸上短距離

月曜日

期　間　5週間。

ゴール　パワー，筋力，スピードには相関関係があるため，筋のパワー発揮と筋力を向上させる。

強　度　全身エクササイズでは，1セット目のみレップ数を完全に行える重量を設定する。タイムドエクササイズでは，特定の時間内に，設定されたレップ数を行う。

ペース　全身エクササイズは爆発的に行う。他のエクササイズは，特定の時間内に設定されたレップ数を行えるペースで行う。

レスト　すべてのセット間，エクササイズ間で2分30秒。

セット数とレップ数

週	パワー
1	TB = 6 × 3 @ 50% TL = 4 × 6 @ 9秒
2	TB = 5 × 2 @ 60% TL = 4 × 3 @ 4秒
3	TB = 6 × 3 @ 50% TL = 4 × 6 @ 9秒
4	TB = 5 × 2 @ 60% TL = 4 × 3 @ 4秒
5	TB = 6 × 3 @ 50% TL = 4 × 6 @ 9秒

	1週目	2週目	3週目	4週目	5週目
全　身					
オルタネイティング・パワークリーン（TB）	6 × 3 @ 50%	5 × 2 @ 60%	6 × 3 @ 50%	5 × 2 @ 60%	6 × 3 @ 50%
挙上重量					
オルタネイティング・ハングクリーン（TB）	6 × 3 @ 50%	5 × 2 @ 60%	6 × 3 @ 50%	5 × 2 @ 60%	6 × 3 @ 50%
挙上重量					
下半身					
ジャンプスクワット（TL）	4 × 6 @ 9秒	4 × 3 @ 4秒	4 × 6 @ 9秒	4 × 3 @ 4秒	4 × 6 @ 9秒
挙上重量					
ストレートレッグ・デッドリフト（TL）	4 × 6 @ 9秒	4 × 3 @ 4秒	4 × 6 @ 9秒	4 × 3 @ 4秒	4 × 6 @ 9秒
挙上重量					
体幹部					
オルタネイティング・Vアップ	3 × 10	3 × 10	3 × 10	3 × 10	3 × 10
挙上重量					
上半身					
ロー（TL）	4 × 6 @ 9秒	4 × 3 @ 4秒	4 × 6 @ 9秒	4 × 3 @ 4秒	4 × 6 @ 9秒
挙上重量					

略語の説明：TB（total body）：全身エクササイズ，TL（timed lift）：タイムドリフト，AL（auxiliary lift）：単関節エクササイズ，CL（core lift）：コアリフト。詳細については，第2章，p.18 ～ 22参照。

水曜日

期　間　5週間。

ゴール　パワー，筋力，スピードには相関関係があるため，筋のパワー発揮と筋力を向上させる。

強　度　全身エクササイズでは，1セット目のみレップ数を完全に行える重量を設定する。タイムドエクササイズでは，特定の時間内に，設定されたレップ数を行う。

ペース　全身エクササイズは爆発的に行う。他のエクササイズは，特定の時間内に設定されたレップ数を行えるペースで行う。

レスト　すべてのセット間，エクササイズ間で2分30秒。

セット数とレップ数

週	パワー
1	TB = 6×3＠50% TL = 4×6＠9秒
2	TB = 5×2＠60% TL = 4×3＠4秒
3	TB = 6×3＠50% TL = 4×6＠9秒
4	TB = 5×2＠60% TL = 4×3＠4秒
5	TB = 6×3＠50% TL = 4×6＠9秒

	1週目	2週目	3週目	4週目	5週目
全　身					
オルタネイティング・パワージャーク（TB）	6×3＠50%	5×2＠60%	6×3＠50%	5×2＠60%	6×3＠50%
挙上重量					
スプリット・オルタネイティングフット・オルタネイティングアーム・ジャーク（TB）	6×3＠50%	5×2＠60%	6×3＠50%	5×2＠60%	6×3＠50%
挙上重量					
下半身					
ランジ（TL）	4×6＠9秒	4×3＠4秒	4×6＠9秒	4×3＠4秒	4×6＠9秒
挙上重量					
体幹部					
トウタッチ	3×10	3×10	3×10	3×10	3×10
挙上重量					
上半身					
シングルアーム・ベンチプレス（TL）	4×6＠9秒	4×3＠4秒	4×6＠9秒	4×3＠4秒	4×6＠9秒
挙上重量（各腕）					

金曜日

期　間	5 週間。

ゴール　パワー，筋力，スピードには相関関係があるため，筋のパワー発揮と筋力を向上させる。

強　度　全身エクササイズでは，1 セット目のみレップ数を完全に行える重量を設定する。タイムドエクササイズでは，特定の時間内に，設定されたレップ数を行う。

ペース　全身エクササイズは爆発的に行う。他のエクササイズは，特定の時間内に設定されたレップ数を行えるペースで行う。

レスト　すべてのセット間，エクササイズ間で 2 分 30 秒。

セット数とレップ数

週	パワー
1	TB = 6 × 3 @ 50% TL = 4 × 6 @ 9 秒
2	TB = 5 × 2 @ 60% TL = 4 × 3 @ 4 秒
3	TB = 6 × 3 @ 50% TL = 4 × 6 @ 9 秒
4	TB = 5 × 2 @ 60% TL = 4 × 3 @ 4 秒
5	TB = 6 × 3 @ 50% TL = 4 × 6 @ 9 秒

パワー期：陸上短距離

	1 週目	2 週目	3 週目	4 週目	5 週目
全　身					
オルタネイティング・パワースナッチ（TB）	6 × 3 @ 50%	5 × 2 @ 60%	6 × 3 @ 50%	5 × 2 @ 60%	6 × 3 @ 50%
挙上重量					
スプリット・オルタネイティングフット・オルタネイティングアーム・スナッチ（TB）	6 × 3 @ 50%	5 × 2 @ 60%	6 × 3 @ 50%	5 × 2 @ 60%	6 × 3 @ 50%
挙上重量					
上半身					
シングルアーム・インクラインプレス（TL）	4 × 6 @ 9 秒	4 × 3 @ 4 秒	4 × 6 @ 9 秒	4 × 3 @ 4 秒	4 × 6 @ 9 秒
挙上重量（各腕）					
体幹部					
クランチ	3 × 10	3 × 10	3 × 10	3 × 10	3 × 10
挙上重量					
上半身					
アップライト・ロー（TL）	4 × 6 @ 9 秒	4 × 3 @ 4 秒	4 × 6 @ 9 秒	4 × 3 @ 4 秒	4 × 6 @ 9 秒
挙上重量					

パワー期：水泳短距離

月曜日

期　間　5 週間。

ゴール　パワー，筋力，スピードには相関関係があるため，筋のパワー発揮と筋力を向上させる。同時に，筋持久力を向上させる。

強　度　全身エクササイズでは，各セットのレップ数を完全に行える重量を設定する。タイムドエクササイズでは，特定の時間内に，設定されたレップ数を行う。

ペース　全身エクササイズは爆発的に行う。他のエクササイズは，特定の時間内に設定されたレップ数を行えるペースで行う。

レスト　すべてのセット間，エクササイズ間とも 1 分 15 秒。

セット数とレップ数

週	パワー
1	TB = 4 × 6 @ 65% TL = 3 × 30 @ 51 秒 AL = 3 × 20
2	TB = 4 × 5 @ 60% TL = 3 × 25 @ 40 秒 AL = 3 × 20
3	TB = 4 × 6 @ 65% TL = 3 × 30 @ 51 秒 AL = 3 × 20
4	TB = 4 × 5 @ 60% TL = 3 × 25 @ 40 秒 AL = 3 × 20
5	TB = 4 × 6 @ 65% TL = 3 × 30 @ 51 秒 AL = 3 × 20

	1 週目	2 週目	3 週目	4 週目	5 週目
全　身					
パワークリーン～フロントスクワット（TB）	4 × 6 @ 65%	4 × 5 @ 60%	4 × 6 @ 65%	4 × 5 @ 60%	4 × 6 @ 65%
挙上重量					
下半身					
ジャンプスクワット（TL）	3 × 30 @ 51 秒	3 × 25 @ 40 秒	3 × 30 @ 51 秒	3 × 25 @ 40 秒	3 × 30 @ 51 秒
挙上重量					
ストレートレッグ・デッドリフト（TL）	3 × 30 @ 51 秒	3 × 25 @ 40 秒	3 × 30 @ 51 秒	3 × 25 @ 40 秒	3 × 30 @ 51 秒
挙上重量					
体幹部					
プレスクランチ	3 × 50	3 × 50	3 × 50	3 × 50	3 × 50
挙上重量					
上半身					
ロー（TL）	3 × 30 @ 51 秒	3 × 25 @ 40 秒	3 × 30 @ 51 秒	3 × 25 @ 40 秒	3 × 30 @ 51 秒
挙上重量					
アームサークル（AL）	3 × 20	3 × 20	3 × 20	3 × 20	3 × 20
挙上重量					

パワー期：水泳短距離

パワー期：水泳短距離

水曜日

期　間　5週間。

ゴール　パワー，筋力，スピードには相関関係があるため，筋のパワー発揮と筋力を向上させる。同時に，筋持久力を向上させる。

強　度　全身エクササイズでは，各セットのレップ数を完全に行える重量を設定する。タイムドエクササイズでは，特定の時間内に，設定されたレップ数を行う。

ペース　全身エクササイズは，爆発的に行う。他のエクササイズは，特定の時間内に設定されたレップ数を行えるペースで行う。

レスト　すべてのセット間，エクササイズ間とも1分15秒。

セット数とレップ数

週	パワー
1	TB = 4 × 6 @ 65% TL = 3 × 30 @ 51秒 AL = 3 × 20
2	TB = 4 × 5 @ 60% TL = 3 × 25 @ 40秒 AL = 3 × 20
3	TB = 4 × 6 @ 65% TL = 3 × 30 @ 51秒 AL = 3 × 20
4	TB = 4 × 5 @ 60% TL = 3 × 25 @ 40秒 AL = 3 × 20
5	TB = 4 × 6 @ 65% TL = 3 × 30 @ 51秒 AL = 3 × 20

	1週目	2週目	3週目	4週目	5週目
全　身					
スクワット〜オルタネイティング・パワージャーク（TB）	4 × 6 @ 65%	4 × 5 @ 60%	4 × 6 @ 65%	4 × 5 @ 60%	4 × 6 @ 65%
挙上重量					
下半身					
ゴブレットスクワット（TL）	3 × 30 @ 51秒	3 × 25 @ 40秒	3 × 30 @ 51秒	3 × 25 @ 40秒	3 × 30 @ 51秒
挙上重量					
体幹部					
オルタネイティング・トウタッチ	3 × 50	3 × 50	3 × 50	3 × 50	3 × 50
挙上重量					
上半身					
オルタネイティング・インクラインプラス（TL）	3 × 30 @ 51秒	3 × 25 @ 40秒	3 × 30 @ 51秒	3 × 25 @ 40秒	3 × 30 @ 51秒
挙上重量					
アームサークル（AL）	3 × 20	3 × 20	3 × 20	3 × 20	3 × 20
挙上重量					

金曜日

期　　間　5週間。

ゴール　パワー，筋力，スピードには相関関係があるため，筋のパワー発揮と筋力を向上させる。同時に，筋持久力を向上させる。

強　　度　全身エクササイズでは，各セットのレップ数を完全に行える重量を設定する。タイムドエクササイズでは，特定の時間内に，設定されたレップ数を行う。

ペース　全身エクササイズは，爆発的に行う。他のエクササイズは，特定の時間内に設定されたレップ数を行えるペースで行う。

レスト　すべてのセット間，エクササイズ間とも1分15秒。

セット数とレップ数

週	パワー
1	TB = 4 × 6 @ 65% TL = 3 × 30 @ 51秒 AL = 3 × 20
2	TB = 4 × 5 @ 60% TL = 3 × 25 @ 40秒 AL = 3 × 20
3	TB = 4 × 6 @ 65% TL = 3 × 30 @ 51秒 AL = 3 × 20
4	TB = 4 × 5 @ 60% TL = 3 × 25 @ 40秒 AL = 3 × 20
5	TB = 4 × 6 @ 65% TL = 3 × 30 @ 51秒 AL = 3 × 20

パワー期：水泳短距離

	1週目	2週目	3週目	4週目	5週目
全　身					
ハングクリーン〜フロントスクワット〜オルタネイティング・パワージャーク（TB）	4 × 6 @ 65%	4 × 5 @ 60%	4 × 6 @ 65%	4 × 5 @ 60%	4 × 6 @ 65%
挙上重量					
下半身					
デクラインプレス（TL）	3 × 30 @ 51秒	3 × 25 @ 40秒	3 × 30 @ 51秒	3 × 25 @ 40秒	3 × 30 @ 51秒
挙上重量					
体幹部					
ツイスティング・クランチ	3 × 30	3 × 30	3 × 30	3 × 30	3 × 30
挙上重量					
上半身					
ベントオーバー・ラテラルレイズ（TL）	3 × 30 @ 51秒	3 × 25 @ 40秒	3 × 30 @ 51秒	3 × 25 @ 40秒	3 × 30 @ 51秒
挙上重量					
フロントレイズ（AL）	3 × 20	3 × 20	3 × 20	3 × 20	3 × 20
挙上重量					

パワー期：自転車短距離

月曜日

期　間　5週間。

ゴール　パワー，筋力，スピードには相関関係がある
ため，筋のパワー発揮と筋力を向上させる。
同時に，筋持久力を向上させる。

強　度　全身エクササイズでは，各セットのレップ数
を完全に行える重量を設定する。タイムドエ
クササイズでは，特定の時間内に，設定され
たレップ数を行う。

ペース　全身エクササイズは，爆発的に行う。他のエ
クササイズは，特定の時間内に設定されたレッ
プ数を行えるペースで行う。

レスト　すべてのセット間，エクササイズ間とも1分
15秒。

セット数とレップ数

週	パワー
1	TB = 5 × 4 @ 50% TL = 4 × 17 @ 23秒 CL = 3 × 10
2	TB = 5 × 6 @ 55% TL = 4 × 24 @ 29秒 CL = 3 × 8
3	TB = 5 × 4 @ 50% TL = 4 × 17 @ 23秒 CL = 3 × 10
4	TB = 5 × 6 @ 55% TL = 4 × 24 @ 29秒 CL = 3 × 8
5	TB = 5 × 4 @ 50% TL = 4 × 17 @ 23秒 CL = 3 × 10

	1 週目	2 週目	3 週目	4 週目	5 週目
全　身					
フロントスクワット〜スプリット・オルタネイティングフット・ジャーク（TB）	5 × 4 @ 50%	5 × 6 @ 55%	5 × 4 @ 50%	5 × 6 @ 55%	5 × 4 @ 50%
挙上重量					
スプリット・オルタネイティングフット・オルタネイティングアーム・ジャーク (TB)	5 × 4 @ 60%	5 × 6 @ 55%	5 × 4 @ 60%	5 × 6 @ 55%	5 × 4 @ 60%
挙上重量					
下半身					
シングルレッグ・ジャンプスクワット（TL）	4 × 17 @ 23 秒	4 × 24 @ 29 秒	4 × 17 @ 23 秒	4 × 24 @ 29 秒	4 × 17 @ 23 秒
挙上重量					
ストレートレッグ・デッドリフト（TL）	4 × 17 @ 23 秒	4 × 24 @ 29 秒	4 × 17 @ 23 秒	4 × 24 @ 29 秒	4 × 17 @ 23 秒
挙上重量					
体幹部					
オルタネイティング・プレスクランチ	3 × 25	3 × 25	3 × 25	3 × 25	3 × 25
挙上重量					
上半身					
ロー（CL）	3 × 10	3 × 8	3 × 10	3 × 8	3 × 10
挙上重量					

パワー期：自転車短距離

水曜日

期　間　5週間。

ゴール　パワーとスピードには相関関係があるため，筋のパワー発揮を向上させる。同時に，筋持久力を向上させる。

強　度　全身エクササイズでは，各セットのレップ数を完全に行える重量を設定する。タイムドエクササイズでは，特定の時間内に，設定されたレップ数を行う。

ペース　全身エクササイズは，爆発的に行う。他のエクササイズは，特定の時間内に設定されたレップ数を行えるペースで行う。

レスト　すべてのセット間，エクササイズ間とも1分45秒。

セット数とレップ数

週	パワー
1	TB = 5 × 4 @ 50% TL = 4 × 17 @ 23秒 CL = 3 × 10
2	TB = 5 × 6 @ 55% TL = 4 × 24 @ 29秒 CL = 3 × 8
3	TB = 5 × 4 @ 50% TL = 4 × 17 @ 23秒 CL = 3 × 10
4	TB = 5 × 6 @ 55% TL = 4 × 24 @ 29秒 CL = 3 × 8
5	TB = 5 × 4 @ 50% TL = 4 × 17 @ 23秒 CL = 3 × 10

	1週目	2週目	3週目	4週目	5週目
全　身					
スクワット～パワースナッチ（TB）	5 × 4 @ 50%	5 × 6 @ 55%	5 × 4 @ 50%	5 × 6 @ 55%	5 × 4 @ 50%
挙上重量					
スプリット・オルタネイティングフット・オルタネイティングアーム・ジャーク（TB）	5 × 4 @ 50%	5 × 3 @ 55%	5 × 4 @ 50%	5 × 3 @ 55%	5 × 4 @ 50%
挙上重量					
下半身					
ジャンプスクワット（TL）	4 × 17 @ 23秒	4 × 24 @ 29秒	4 × 17 @ 23秒	4 × 24 @ 29秒	4 × 17 @ 23秒
挙上重量					
体幹部					
オルタネイティング・Vアップ	3 × 25	3 × 25	3 × 25	3 × 25	3 × 25
挙上重量					
上半身					
シングルアーム・インクラインプレス（CL）	3 × 10	3 × 8	3 × 10	3 × 8	3 × 10
挙上重量（各腕）					

金曜日

期　　間　5 週間。

ゴール　パワーとスピードには相関関係があるため，筋のパワー発揮を向上させる。同時に，筋持久力を向上させる。

強　　度　全身エクササイズでは，1 セット目のみレップ数を完全に行える重量を設定する。タイムドエクササイズでは，特定の時間内に，設定されたレップ数を行う。

ペース　全身エクササイズは，爆発的に行う。他のエクササイズは，特定の時間内に設定されたレップ数を行えるペースで行う。

レスト　すべてのセット間，エクササイズ間とも 1 分45 秒。

セット数とレップ数

週	パワー
1	TB = 5 × 4 @ 50% TL = 4 × 17 @ 23 秒
2	TB = 5 × 6 @ 55% TL = 4 × 24 @ 29 秒
3	TB = 5 × 4 @ 50% TL = 4 × 17 @ 23 秒
4	TB = 5 × 6 @ 55% TL = 4 × 24 @ 29 秒
5	TB = 5 × 4 @ 50% TL = 4 × 17 @ 23 秒

	1 週目	2 週目	3 週目	4 週目	5 週目
全　身					
ハングクリーン〜フロントスクワット (TB)	5 × 4 @ 50%	5 × 6 @ 55%	5 × 4 @ 50%	5 × 6 @ 55%	5 × 4 @ 50%
挙上重量					
フロントスクワット〜パワージャーク（TB)	5 × 4 @ 50%	5 × 3 @ 55%	5 × 4 @ 50%	5 × 3 @ 55%	5 × 4 @ 50%
挙上重量					
上半身					
オルタネイティング・インクラインプラス（TL)	4 × 17 @ 23 秒	4 × 24 @ 29 秒	4 × 17 @ 23 秒	4 × 24 @ 29 秒	4 × 17 @ 23 秒
挙上重量					
体幹部					
デクライン・オルタネイティング・プレスクランチ	3 × 25	3 × 25	3 × 25	3 × 25	3 × 25
挙上重量					
上半身					
アップライト・ロー (TL)	4 × 17 @ 23 秒	4 × 24 @ 29 秒	4 × 17 @ 23 秒	4 × 24 @ 29 秒	4 × 17 @ 23 秒
挙上重量					

パワー期：ショートトラックスピードスケート

月曜日

期　間　5週間。

ゴール　パワーとスピードには相関関係があるため，筋のパワー発揮を向上させる。同時に，筋持久力を向上させる。

強　度　全身エクササイズでは，各セットのレップ数を完全に行える重量を設定する。タイムドエクササイズでは，特定の時間内に，設定されたレップ数を行う。

ペース　全身エクササイズは，爆発的に行う。他のエクササイズは，特定の時間内に設定されたレップ数を行えるペースで行う。

レスト　すべてのセット間，エクササイズ間とも1分30秒。

セット数とレップ数

週	パワー
1	TB = 4 × 4 @ 50%-55% TL = 3 × 28 @ 39秒
2	TB = 4 × 6 @ 45%-50% TL = 3 × 25 @ 30秒
3	TB = 4 × 4 @ 50%-55% TL = 3 × 28 @ 39秒
4	TB = 4 × 6 @ 45%-55% TL = 3 × 25 @ 30秒
5	TB = 4 × 4 @ 50%-55% TL = 3 × 28 @ 39秒

	1週目	2週目	3週目	4週目	5週目
全　身					
シングルアーム・パワークリーン〜シングルアーム・パワージャーク（TB）	4×4@55%	4×6@50%	4×4@55%	4×6@45%-50%	4×4@50%-55%
挙上重量					
スプリット・オルタネイティングフット・オルタネイティングアーム・ジャーク（TB）	4×4@50%-55%	4×6@45%-50%	4×4@50%-55%	4×6@45%-50%	4×4@50%-55%
挙上重量					
下半身					
シングルレッグ・ジャンプスクワット（TL）	3×28@39秒	3×25@30秒	3×28@39秒	3×25@30秒	3×28@39秒
挙上重量					
レッグカール（TL）	3×28@39秒	3×25@30秒	3×28@39秒	3×25@30秒	3×28@39秒
挙上重量					
体幹部					
デクライン・ツイスティング・クランチ	3×25	3×25	3×25	3×25	3×25
挙上重量					
上半身					
ワイドグリップ・ロー（TL）	3×28@39秒	3×25@30秒	3×28@39秒	3×25@30秒	3×28@39秒
挙上重量					

水曜日

期　　間	5 週間。
ゴール	パワーとスピードには相関関係があるため，筋のパワー発揮を向上させる。同時に，筋持久力を向上させる。
強　　度	全身エクササイズでは，各セットのレップ数を完全に行える重量を設定する。タイムドエクササイズでは，特定の時間内に，設定されたレップ数を行う。
ペース	全身エクササイズは，爆発的に行う。他のエクササイズは，特定の時間内に設定されたレップ数を行えるペースで行う。
レスト	すべてのセット間，エクササイズ間とも1 分 30 秒。

セット数とレップ数

週	パワー
1	TB = 4 × 4 @ 50%-55% TL = 3 × 28 @ 39 秒
2	TB = 4 × 6 @ 45%-50% TL = 3 × 25 @ 30 秒
3	TB = 4 × 4 @ 50%-55% TL = 3 × 28 @ 39 秒
4	TB = 4 × 6 @ 45%-50% TL = 3 × 25 @ 30 秒
5	TB = 4 × 4 @ 50%-55% TL = 3 × 28 @ 39 秒

	1 週目	2 週目	3 週目	4 週目	5 週目
全　身					
スクワット～オルタネイティング・パワースナッチ（TB）	4 × 4 @ 55%	4 × 6 @ 50%	4 × 4 @ 55%	4 × 6 @ 50%	4 × 4 @ 55%
挙上重量					
スプリット・オルタネイティングフット・オルタネイティングアーム・スナッチ（TB）	4 × 4 @ 50%-55%	4 × 6 @ 45%-50%	4 × 4 @ 50%-55%	4 × 6 @ 45%-50%	4 × 4 @ 50%-55%
挙上重量					
下半身					
ジャンプスクワット（TL）	3 × 28 @ 39 秒	3 × 25 @ 30 秒	3 × 28 @ 39 秒	3 × 25 @ 30 秒	3 × 28 @ 39 秒
挙上重量					
体幹部					
オルタネイティング・トウタッチ	3 × 25	3 × 25	3 × 25	3 × 25	3 × 25
挙上重量					
上半身					
シングルアーム・ベンチプレス（TL）	3 × 28 @ 39 秒	3 × 25 @ 30 秒	3 × 28 @ 39 秒	3 × 25 @ 30 秒	3 × 28 @ 39 秒
挙上重量					
シングルアーム・プルオーバー（TL）	3 × 28 @ 39 秒	3 × 25 @ 30 秒	3 × 28 @ 39 秒	3 × 25 @ 30 秒	3 × 28 @ 39 秒
挙上重量（各腕）					

金曜日

期　間　5 週間。

ゴール　パワーとスピードには相関関係があるため，筋のパワー発揮を向上させる。同時に，筋持久力を向上させる。

強　度　全身エクササイズでは，各セットのレップ数を完全に行える重量を設定する。タイムドエクササイズでは，特定の時間内に，設定されたレップ数を行う。

ペース　全身エクササイズは，爆発的に行う。他のエクササイズは，特定の時間内に設定されたレップ数を行えるペースで行う。

レスト　すべてのセット間，エクササイズ間とも1 分 30 秒。

セット数とレップ数

週	パワー
1	TB = 4 × 4 @ 50%-55% TL = 3 × 28 @ 39 秒
2	TB = 4 × 6 @ 45%-50% TL = 3 × 25 @ 30 秒
3	TB = 4 × 4 @ 50%-55% TL = 3 × 28 @ 39 秒
4	TB = 4 × 6 @ 45%-55% TL = 3 × 25 @ 30 秒
5	TB = 4 × 4 @ 50%-55% TL = 3 × 28 @ 39 秒

	1 週目	2 週目	3 週目	4 週目	5 週目
全 身					
フロントスクワット～パワージャーク（TB）	4 × 4 @ 50%-55%	4 × 6 @ 45%-50%	4 × 4 @ 50%-55%	4 × 6 @ 45%-50%	4 × 4 @ 50%-55%
挙上重量					
オルタネイティング・ハングクリーン～フロントスクワット（TB）	4 × 4 @ 50%-55%	4 × 6 @ 45%-50%	4 × 4 @ 50%-55%	4 × 6 @ 45%-50%	4 × 4 @ 50%-55%
挙上重量					
上半身					
オルタネイティング・インクラインプレス（TL）	3 × 28 @ 39 秒	3 × 25 @ 30 秒	3 × 28 @ 39 秒	3 × 25 @ 30 秒	3 × 28 @ 39 秒
挙上重量					
アップライト・ロー（TL）	3 × 28 @ 39 秒	3 × 25 @ 30 秒	3 × 28 @ 39 秒	3 × 25 @ 30 秒	3 × 28 @ 39 秒
挙上重量					

アジリティとバランスのための トレーニング

　レスリング，サッカー，アイスホッケー，ダウンヒルスキーといったバランスを必要とするスポーツに，ダンベルトレーニングは非常に有効である。これらのスポーツにはそれぞれ異なる特徴があるが，身体の平衡性を保つ能力が高いレベルで必要とされるという点で共通している。ダンベルトレーニングは，筋のサイズ，筋力，パワー，持久力といった要素を向上させるだけでなく，バランスを改善させることもできる。さらに，加齢するにしたがって，バランスを保つ能力は，転倒を防ぐという意味で重要性が増す。したがって，本章で扱うトレーニングプログラムは，そのような用途で使うこともできる。

ワークアウトのスケジュール例

　前述した，アイスホッケー，レスリング，スキー，サッカーといった，バランスを必要とするスポーツは，それぞれユニークな特性があるため，1つのプログラム例ですべてのスポーツの選手に対応することができない。そこで，それぞれのスポーツのためのプログラムを紹介する。これらは，高齢者のバランスを維持・

知ってる？

　本書では，多くのダンベルエクササイズを紹介しているが，それらの組み合わせ方やバリエーションは無限にある。アジリティとバランスのためのトレーニングでは，特に様々な応用が可能である。筋のサイズ，筋力，パワーを向上させつつ，アジリティとバランスを改善する方法を考えるとよい。

　ダンベルを用いたトレーニングで，バランスを重視する場合，オルタネイティングやシングルアームの動作を使うという選択肢がある。しかし，2つのダンベルを同時に動かす場合にも，2つの別々の道具をコントロールすることにより，バランスを高める効果がある。

── 知ってる？ ──

　アジリティとバランスのためのトレーニングにダンベルエクササイズを用いることの利点は，オルタネイティングやシングルアームの動作を行える点にある。このようなトレーニングは，従来のエクササイズに比べて，コーディネーション，バランス，ボディコントロールを改善することができる。

　ダンベルトレーニングの利点をもう1つあげるとすれば，シングルレッグのエクササイズを行う場合に，バーベルを使用するよりも安全な点である。例えば，シングルレッグ・スクワットを行い，肩の位置からダンベルを落とす場合，同じ高さからバーベルを落とすよりも安全で容易である。

向上させるためのプログラムとしても応用できる。それぞれのスポーツで，トレーニング頻度が異なる。例えば，レスリングであれば週4回，サッカーであれば週2回のトレーニングを行う。この違いは，レスリングの方がサッカーに比べて，筋力を必要とするためである。

　サッカーのプログラムは，フィールドプレイヤー用とゴールキーパー用の2種類がある。フィールドプレイヤーは，ゴールキーパーより持久力を必要とするので，よりレップ数の多いワークアウトとなる。ゴールキーパーは，より素早く爆発的な動作を必要とするので，筋力とパワーに重点を置いたワークアウトを行う。

筋力期：レスリング

月曜日

期　間　5週間。

ゴール　バランスとアジリティを改善するため，筋力を向上させる。

強　度　正しいフォームで，1セット目のみレップ数を完全に行える重量を設定する。

ペース　全身エクササイズは爆発的に行う。他のエクササイズは爆発的に挙上し，2秒で下降させる。

レスト　全身エクササイズのセット間は2分30秒，他はセット間，エクササイズ間とも2分。

セット数とレップ数

週	筋力
1	TB = 5 × 2 CL = 4 × 2 AL = 3 × 5
2	TB = 5 × 4 CL = 4 × 4 AL = 3 × 5
3	TB = 5 × 2 CL = 4 × 2 AL = 3 × 5
4	TB = 5 × 4 CL = 4 × 4 AL = 3 × 5
5	TB = 5 × 2 CL = 4 × 2 AL = 3 × 5

	1週目	2週目	3週目	4週目	5週目
全身					
オルタネイティング・パワークリーン（TB）	5 × 2	5 × 4	5 × 2	5 × 4	5 × 2
挙上重量					
オルタネイティング・ハングクリーン（TB）	5 × 2	5 × 4	5 × 2	5 × 4	5 × 2
挙上重量					
下半身					
シングルレッグ・フロントスクワット（CL）	4 × 2	4 × 4	4 × 2	4 × 4	4 × 2
挙上重量（各腕）					
バックエクステンション（CL）	4 × 2	4 × 4	4 × 2	4 × 4	4 × 2
挙上重量					
体幹部					
オルタネイティング・Vアップ	3 × 12	3 × 12	3 × 12	3 × 12	3 × 12
挙上重量					
上半身					
ロー（CL）	4 × 2	4 × 4	4 × 2	4 × 4	4 × 2
挙上重量					
ダンベル・ドラッグカール（AL）	3 × 5	3 × 5	3 × 5	3 × 5	3 × 5
挙上重量					

略語の説明：TB（total body）：全身エクササイズ，CL（core lift）：コアリフト，AL（auxiliary lift）：単関節エクササイズ。詳細については，第2章，p.18～22参照。

火曜日

期　間 5 週間。

ゴール バランスとアジリティを改善するため，筋力を向上させる。

強　度 正しいフォームで，1 セット目のみレップ数を完全に行える重量を設定する。

ペース 全身エクササイズは爆発的に行う。他のエクササイズは爆発的に挙上し，2 秒で下降させる。

レスト 全身エクササイズのセット間は 2 分 30 秒，他はセット間，エクササイズ間とも 2 分。

セット数とレップ数

週	筋　力
1	TB = 5 × 2 CL = 4 × 2
2	TB = 5 × 4 CL = 4 × 4
3	TB = 5 × 2 CL = 4 × 2
4	TB = 5 × 4 CL = 4 × 4
5	TB = 5 × 2 CL = 4 × 2

	1 週目	2 週目	3 週目	4 週目	5 週目
全 身					
シングルアーム・パワージャーク（TB）	5 × 2	5 × 4	5 × 2	5 × 4	5 × 2
挙上重量（各腕）					
スプリット・オルタネイティングフット・オルタネイティングアーム・スナッチ（TB）	5 × 2	5 × 4	5 × 2	5 × 4	5 × 2
挙上重量					
下半身					
リバース・ワイドグリップ・ベンチプレス（CL）	4 × 2	4 × 4	4 × 2	4 × 4	4 × 2
挙上重量					
体幹部					
デクラインクランチ	3 × 12	3 × 12	3 × 12	3 × 12	3 × 12
挙上重量					
バックエクステンション	3 × 8	3 × 8	3 × 8	3 × 8	3 × 8
挙上重量					
上半身					
アーノルドプレス（CL）	4 × 2	4 × 4	4 × 2	4 × 4	4 × 2
挙上重量					

木曜日

期　間　5週間。

ゴール　バランスとアジリティを改善するため，筋力を
向上させる。

強　度　正しいフォームで，1セット目のみレップ数を
完全に行える重量を設定する。

ペース　全身エクササイズは爆発的に行う。他のエクサ
サイズは爆発的に挙上し，2秒で下降させる。

レスト　全身エクササイズのセット間は2分30秒，他
はセット間，エクササイズ間とも2分。

セット数とレップ数

週	筋　力
1	TB = 5 × 2 CL = 4 × 2 AL = 3 × 5
2	TB = 5 × 4 CL = 4 × 4 AL = 3 × 5
3	TB = 5 × 2 CL = 4 × 2 AL = 3 × 5
4	TB = 5 × 4 CL = 4 × 4 AL = 3 × 5
5	TB = 5 × 2 CL = 4 × 2 AL = 3 × 5

	1週目	2週目	3週目	4週目	5週目
全　身					
オルタネイティング・パワースナッチ（TB）	5 × 2	5 × 4	5 × 2	5 × 4	5 × 2
挙上重量					
オルタネイティング・パワージャーク（TB）	5 × 2	5 × 4	5 × 2	5 × 4	5 × 2
挙上重量					
下半身					
スクワット（CL）	4 × 2	4 × 2	4 × 2	4 × 2	4 × 2
挙上重量					
サイドランジ（CL）	4 × 2	4 × 2	4 × 2	4 × 2	4 × 2
挙上重量					
体幹部					
トウタッチ	3 × 12	3 × 12	3 × 12	3 × 12	3 × 12
挙上重量					
上半身					
オルタネイティング・リバースカール（AL）	3 × 5	3 × 5	3 × 5	3 × 5	3 × 5
挙上重量					

金曜日

期　間　5 週間。

ゴール　バランスとアジリティを改善するため，筋力を向上させる。

強　度　正しいフォームで，1 セット目のみレップ数を完全に行える重量を設定する。

ペース　全身エクササイズは爆発的に行う。他のエクササイズは爆発的に挙上し，2 秒で下降させる。

レスト　全身エクササイズのセット間は 2 分 30 秒，他はセット間，エクササイズ間とも 2 分。

筋力期：レスリング

セット数とレップ数

週	筋　力
1	TB = 5 × 2 CL = 4 × 2 AL = 3 × 5
2	TB = 5 × 4 CL = 4 × 4 AL = 3 × 5
3	TB = 5 × 2 CL = 4 × 2 AL = 3 × 5
4	TB = 5 × 4 CL = 4 × 4 AL = 3 × 5
5	TB = 5 × 2 CL = 4 × 2 AL = 3 × 5

	1 週目	2 週目	3 週目	4 週目	5 週目
全　身					
シングルアーム・パワージャーク（TB）	5 × 2	5 × 4	5 × 2	5 × 4	5 × 2
挙上重量（各腕）					
スプリット・オルタネイティングフット・オルタネイティングアーム・ジャーク（TB）	5 × 2	5 × 4	5 × 2	5 × 4	5 × 2
挙上重量					
上半身					
クローズグリップ・インクラインプレス（CL）	4 × 2	4 × 4	4 × 2	4 × 4	4 × 2
挙上重量					
体幹部					
クランチ	3 × 12	3 × 12	3 × 12	3 × 12	3 × 12
挙上重量					
ツイスティング・バックエクステンション	3 × 8	3 × 8	3 × 8	3 × 8	3 × 8
挙上重量					
上半身					
アームサークル（AL）	3 × 5	3 × 5	3 × 5	3 × 5	3 × 5
挙上重量					

筋力期：サッカー

━━━ 月曜日・金曜日 ━━━

期　間　5週間。

ゴール　バランスとアジリティを改善する
　　　　　ため，筋力を向上させる。

強　度　各セットのレップ数を完全に行え
　　　　　る重量を設定する。

ペース　全身エクササイズは爆発的に行
　　　　　う。他のエクササイズは爆発的に
　　　　　挙上し，2秒で下降させる。

レスト　すべてのセット間，エクササイズ
　　　　　間とも2分。

セット数とレップ数

週	フィールドプレイヤー	ゴールキーパー
1	TB = 3 × 3 CL = 3 × 5	TB = 3 × 3 CL = 3 × 4
2	TB = 3 × 5 CL = 3 × 8	TB = 3 × 4 CL = 3 × 6
3	TB = 3 × 3 CL = 3 × 5	TB = 3 × 3 CL = 3 × 4
4	TB = 3 × 5 CL = 3 × 8	TB = 3 × 4 CL = 3 × 6
5	TB = 3 × 3 CL = 3 × 5	TB = 3 × 3 CL = 3 × 4

	1週目	2週目	3週目	4週目	5週目
全　身					
スプリット・オルタネイティングフット・オルタネイティングアーム・スナッチ（TB）	3×3+3×3	3×5+3×4	3×3+3×3	3×5+3×4	3×3+3×3
挙上重量					
下半身					
シングルレッグ・スクワット（CL）	3×5+3×4	3×8+3×6	3×5+3×4	3×8+3×6	3×5+3×4
挙上重量（各脚）					
ラテラルスクワット（CL）	3×5+3×4	3×8+3×6	3×5+3×4	3×8+3×6	3×5+3×4
挙上重量					
体幹部					
プレスクランチ	4×15+4×12	4×15+4×12	4×15+4×12	4×15+4×12	4×15+4×12
挙上重量					
上半身					
オルタネイティング・デクラインプレス（CL）	3×5+3×4	3×8+3×6	3×5+3×4	3×8+3×6	3×5+3×4
挙上重量					

水曜日

期　間　5 週間。

ゴール　バランスとアジリティを改善する
　　　　ため，筋力を向上させる。

強　度　各セットのレップ数を完全に行え
　　　　る重量を設定する。

ペース　全身エクササイズは爆発的に行
　　　　う。他のエクササイズは爆発的に
　　　　挙上し，2 秒で下降させる。

レスト　すべてのセット間，エクササイズ
　　　　間とも 2 分。

セット数とレップ数

週	フィールドプレイヤー	ゴールキーパー
1	TB = 3 × 3 CL = 3 × 5	TB = 3 × 3 CL = 3 × 4
2	TB = 3 × 5 CL = 3 × 8	TB = 3 × 4 CL = 3 × 6
3	TB = 3 × 3 CL = 3 × 5	TB = 3 × 3 CL = 3 × 4
4	TB = 3 × 5 CL = 3 × 8	TB = 3 × 4 CL = 3 × 6
5	TB = 3 × 3 CL = 3 × 5	TB = 3 × 3 CL = 3 × 4

	1 週目	2 週目	3 週目	4 週目	5 週目
全　身					
ハングクリーン (TB)	3 × 3 + 3 × 3	3 × 5 + 3 × 4	3 × 3 + 3 × 3	3 × 5 + 3 × 4	3 × 3 + 3 × 3
挙上重量					
下半身					
フロントスクワット (CL)	3 × 5 + 3 × 4	3 × 8 + 3 × 6	3 × 5 + 3 × 4	3 × 8 + 3 × 6	3 × 5 + 3 × 4
挙上重量					
レッグカール（CL）	3 × 5 + 3 × 4	3 × 8 + 3 × 6	3 × 5 + 3 × 4	3 × 8 + 3 × 6	3 × 5 + 3 × 4
挙上重量					
体幹部					
V アップ	3 × 15 + 3 × 12	3 × 15 + 3 × 12	3 × 15 + 3 × 12	3 × 15 + 3 × 12	3 × 15 + 3 × 12
挙上重量					
上半身					
オルタネイティング・インクラインプレス（CL）	3 × 5 + 3 × 4	3 × 8 + 3 × 6	3 × 5 + 3 × 4	3 × 8 + 3 × 6	3 × 5 + 3 × 4
挙上重量					
プルオーバー（CL）	3 × 5 + 3 × 4	3 × 8 + 3 × 6	3 × 5 + 3 × 4	3 × 8 + 3 × 6	3 × 5 + 3 × 4
挙上重量					

筋力期：アイスホッケー

月曜日

期　間　5週間。

ゴール　バランスとアジリティを改善するため，筋力を
向上させる。

強　度　正しいフォームで，1セット目のみレップ数を
完全に行える重量を設定する。

ペース　全身エクササイズは爆発的に行う。他のエクサ
サイズは爆発的に挙上し，2秒で下降させる。

レスト　全身エクササイズのセット間は2分15秒，他
はセット間，エクササイズ間とも2分。

セット数とレップ数

週	筋　力
1	TB = 5 × 2 CL = 4 × 2
2	TB = 5 × 5 CL = 4 × 5
3	TB = 5 × 2 CL = 4 × 2
4	TB = 5 × 5 CL = 4 × 5
5	TB = 5 × 2 CL = 4 × 2

	1週目	2週目	3週目	4週目	5週目
全　身					
オルタネイティング・パワージャーク（TB）	5 × 2	5 × 5	5 × 2	5 × 5	5 × 2
挙上重量					
シングルアーム・パワージャーク（TB）	5 × 2	5 × 5	5 × 2	5 × 5	5 × 2
挙上重量（各腕）					
下半身					
スモウ・デッドリフト（CL）	4 × 2	4 × 5	4 × 2	4 × 5	4 × 2
挙上重量					
ラテラルスクワット（CL）	4 × 2	4 × 5	4 × 2	4 × 5	4 × 2
挙上重量					
体幹部					
デクライン・ツイスティング・クランチ	3 × 12	3 × 12	3 × 12	3 × 12	3 × 12
挙上重量					
ツイスティング・バックエクステンション	3 × 10	3 × 10	3 × 10	3 × 10	3 × 10
挙上重量					
上半身					
ワイドグリップ・ロー（CL）	4 × 2	4 × 5	4 × 2	4 × 5	4 × 2
挙上重量					

水曜日

期　間　5 週間。

ゴール　バランスとアジリティを改善するため，筋力を向上させる。

強　度　正しいフォームで，1 セット目のみレップ数を完全に行える重量を設定する。

ペース　全身エクササイズは爆発的に行う。他のエクササイズは爆発的に挙上し，2 秒で下降させる。

レスト　全身エクササイズのセット間は 2 分 15 秒，他はセット間，エクササイズ間とも 2 分。

筋力期：アイスホッケー

セット数とレップ数

週	筋　力
1	TB = 5 × 2 CL = 4 × 2 AL = 3 × 6
2	TB = 5 × 5 CL = 4 × 5 AL = 3 × 6
3	TB = 5 × 2 CL = 4 × 2 AL = 3 × 6
4	TB = 5 × 5 CL = 4 × 5 AL = 3 × 6
5	TB = 5 × 2 CL = 4 × 2 AL = 3 × 6

	1 週目	2 週目	3 週目	4 週目	5 週目
全　身					
スクワット～ハング・パワースナッチ（TB）	5 × 2	5 × 5	5 × 2	5 × 5	5 × 2
挙上重量					
スプリット・オルタネイティングフット・オルタネイティングアーム・スナッチ（TB）	5 × 2	5 × 5	5 × 2	5 × 5	5 × 2
挙上重量					
上半身					
スタンディング・アップワードフライ（CL）	4 × 2	4 × 5	4 × 2	4 × 5	4 × 2
挙上重量					
体幹部					
オルタネイティング・V アップ	3 × 12	3 × 12	3 × 12	3 × 12	3 × 12
挙上重量					
デクライン・プレスクランチ	3 × 12	3 × 12	3 × 12	3 × 12	3 × 12
挙上重量					
上半身					
オルタネイティング・ショルダープレス（CL）	4 × 2	4 × 5	4 × 2	4 × 5	4 × 2
挙上重量					
アームサークル（AL）	3 × 6	3 × 6	3 × 6	3 × 6	3 × 6
挙上重量					

金曜日

期　間 5週間。

ゴール バランスとアジリティを改善するため，筋力を向上させる。

強　度 正しいフォームで，1セット目のみレップ数を完全に行える重量を設定する。

ペース 全身エクササイズは爆発的に行う。他のエクササイズは爆発的に挙上し，2秒で下降させる。

レスト 全身エクササイズのセット間，エクササイズ間は2分15秒，他はセット間，エクササイズ間とも2分。

セット数とレップ数

週	筋　力
1	TB = 5 × 2 CL = 4 × 2
2	TB = 5 × 5 CL = 4 × 5
3	TB = 5 × 2 CL = 4 × 2
4	TB = 5 × 5 CL = 4 × 5
5	TB = 5 × 2 CL = 4 × 2

	1週目	2週目	3週目	4週目	5週目
全　身					
オルタネイティング・パワースナッチ（TB）	5 × 2	5 × 5	5 × 2	5 × 5	5 × 2
挙上重量					
スプリット・オルタネイティングフット・オルタネイティングアーム・ジャーク（TB）	5 × 2	5 × 5	5 × 2	5 × 5	5 × 2
挙上重量					
下半身					
シングルレッグ・スクワット（CL）	4 × 2	4 × 5	4 × 2	4 × 5	4 × 2
挙上重量（各脚）					
リバースランジ（CL）	4 × 2	4 × 5	4 × 2	4 × 5	4 × 2
挙上重量					
体幹部					
クランチ	3 × 12	3 × 12	3 × 12	3 × 12	3 × 12
挙上重量					
ツイスティング・バックエクステンション	3 × 10	3 × 10	3 × 10	3 × 10	3 × 10
挙上重量					
上半身					
ベンチプレス（CL）	4 × 2	4 × 5	4 × 2	4 × 5	4 × 2
挙上重量					
ロー（CL）	4 × 2	4 × 5	4 × 2	4 × 5	4 × 2
挙上重量					

筋力期：ダウンヒルスキー

月曜日

期　間　5 週間。

ゴール　バランスとアジリティを改善するため，筋力を向上させる。

強　度　正しいフォームで，1 セット目のみレップ数を完全に行える重量を設定する。

ペース　全身エクササイズは爆発的に行う。他のエクササイズは爆発的に挙上し，2 秒で下降させる。

レスト　全身エクササイズのセット間，エクササイズ間は 2 分，他はセット間，エクササイズ間とも 1 分 30 秒。

セット数とレップ数

週	筋　力
1	TB = 5 × 3 CL = 4 × 4
2	TB = 5 × 5 CL = 4 × 6
3	TB = 5 × 3 CL = 4 × 4
4	TB = 5 × 5 CL = 4 × 6
5	TB = 5 × 3 CL = 4 × 4

	1 週目	2 週目	3 週目	4 週目	5 週目
全　身					
シングルアーム・パワースナッチ（TB）	5 × 3	5 × 5	5 × 3	5 × 5	5 × 3
挙上重量（各腕）					
オルタネイティング・パワースナッチ（TB）	5 × 3	5 × 5	5 × 3	5 × 5	5 × 3
挙上重量					
下半身					
シングルレッグ・フロントスクワット（CL）	4 × 4	4 × 6	4 × 4	4 × 6	4 × 4
挙上重量（各脚）					
サイドランジ（CL）	4 × 4	4 × 6	4 × 4	4 × 6	4 × 4
挙上重量					
体幹部					
V アップ	3 × 12	3 × 12	3 × 12	3 × 12	3 × 12
挙上重量					
ツイスティング・バックエクステンション	3 × 10	3 × 10	3 × 10	3 × 10	3 × 10
挙上重量					
上半身					
ロー（CL）	4 × 4	4 × 6	4 × 4	4 × 6	4 × 4
挙上重量					

─── 水曜日 ───

期　間　5週間。

ゴール　バランスとアジリティを改善するため，筋力を向上させる。

強　度　正しいフォームで，1セット目のみレップ数を完全に行える重量を設定する。

ペース　全身エクササイズは爆発的に行う。他のエクササイズは爆発的に挙上し，2秒で下降させる。

レスト　全身エクササイズのセット間，エクササイズ間は2分，他はセット間，エクササイズ間とも1分30秒。

セット数とレップ数

週	筋　力
1	TB = 5 × 3 CL = 4 × 4 AL = 3 × 8
2	TB = 5 × 5 CL = 4 × 6 AL = 3 × 8
3	TB = 5 × 3 CL = 4 × 4 AL = 3 × 8
4	TB = 5 × 5 CL = 4 × 6 AL = 3 × 8
5	TB = 5 × 3 CL = 4 × 4 AL = 3 × 8

	1週目	2週目	3週目	4週目	5週目
全　身					
シングルアーム・パワークリーン（TB）	5 × 3	5 × 5	5 × 3	5 × 5	5 × 3
挙上重量（各腕）					
ハングクリーン（TB）	5 × 3	5 × 5	5 × 3	5 × 5	5 × 3
挙上重量					
上半身					
ベンチプレス（CL）	4 × 6	4 × 4	4 × 6	4 × 4	4 × 6
挙上重量					
体幹部					
デクラインクランチ	3 × 15	3 × 15	3 × 15	3 × 15	3 × 15
挙上重量					
ツイスティング・バックエクステンション	3 × 12	3 × 12	3 × 12	3 × 12	3 × 12
挙上重量					
上半身					
トライセプス・エクステンション（AL）	3 × 8	3 × 8	3 × 8	3 × 8	3 × 8
挙上重量					

金曜日

期　間　5週間。

ゴール　バランスとアジリティを改善するため，筋力を向上させる。

強　度　正しいフォームで，1セット目のみレップ数を完全に行える重量を設定する。

ペース　全身エクササイズは爆発的に行う。他のエクササイズは爆発的に挙上し，2秒で下降させる。

レスト　全身エクササイズのセット間，エクササイズ間は2分，他はセット間，エクササイズ間とも1分30秒。

セット数とレップ数

週	筋　力
1	TB = 5 × 3 CL = 4 × 4
2	TB = 5 × 5 CL = 4 × 6
3	TB = 5 × 3 CL = 4 × 4
4	TB = 5 × 5 CL = 4 × 6
5	TB = 5 × 3 CL = 4 × 4

	1週目	2週目	3週目	4週目	5週目
全　身					
シングルアーム・パワージャーク（TB）	5 × 3	5 × 5	5 × 3	5 × 5	5 × 3
挙上重量（各腕）					
スプリット・オルタネイティングフット・オルタネイティングアーム・ジャーク（TB）	5 × 3	5 × 5	5 × 3	5 × 5	5 × 3
挙上重量					
下半身					
ランジ（CL）	4 × 4	4 × 6	4 × 4	4 × 6	4 × 4
挙上重量					
アークランジ（CL）	4 × 4	4 × 6	4 × 4	4 × 6	4 × 4
挙上重量					
体幹部					
デクライン・プレスクランチ	3 × 15	3 × 15	3 × 15	3 × 15	3 × 15
挙上重量					
バックエクステンション	3 × 12	3 × 12	3 × 12	3 × 12	3 × 12
挙上重量					
上半身					
シングルアーム・インクラインプレス（CL）	4 × 4	4 × 6	4 × 4	4 × 6	4 × 4
挙上重量（各腕）					
ロー（CL）	4 × 4	4 × 6	4 × 4	4 × 6	4 × 4
挙上重量					

文　献

はじめに

Todd, J. 2003. "The Strength Builders: A History of Barbells, Dumbbells and Indian Clubs." *The International Journal of the History of Sport* 20 (1): 65-90.

第1章

Behm, D.G., E.J. Drinkwater, J.M. Willardson, M. Jeffrey, and P.M. Cowley. 2011. "The Role of Instability Rehabilitative Resistance Training for the Core Musculature." *Journal of Strength and Conditioning Research* 33 (3): 72-81.

Koshida, S., Y. Urabe, K. Miyashita, K. Iwai, and A. Kagimori. 2008. "Muscular Outputs During Dynamic Bench Press Under Stable Versus Unstable Conditions." *Journal of Strength and Conditioning Research* 22 (5): 1584-1588.

Lauder, M.A., and J.P. Lake. 2008. "Biomechanical Comparison of Unilateral and Bilateral Power Snatch Lifts." *Journal of Strength and Conditioning Research* 22 (3): 653-660.

Welsch, E.A., M. Bird, and J.L. Mayhew. 2005. "Electromyography Activity of the Pectoralis Major and Anterior Deltoid Muscles During Three Upper Body Lifts." *Journal of Strength and Conditioning Research* 19 (2): 449-452.

第2章

Wang, J. 1995. "Physiological Overview of Conditioning Training for College Soccer Athletes." *Strength Conditioning* 17: 62-65.

第8章

State Government of Victoria, Australia, Department of Health and Human Services. "Resistance Training—Health Benefits." 2018. www.betterhealth.vic.gov.au/health/healthyliving/resistance-training-health-benefits.

第9章

Beavers, K.M., W.T. Ambrosius, W.J. Rejeski, J.H. Burdette, M.P. Walkup, J.L. Sheedy, B.A. Nesbit, B.J. Gaukstern, B.J. Nicklas, and A.P. Marsh. 2017. "Effect of Exercise Type During Intentional Weight Loss on Body Composition in Older Adults With Obesity." *Obesity* 25 (11): 1823-1829.

Roberson, K.B., K.A. Jacobs, M.J. White, and J.F. Signorile. 2017. "Loads and Movement Speed Affect Energy Expenditure During Circuit Resistance Exercise." *Applied Physiology, Nutrition, and Metabolism* 42 (6): 637-646.

World Health Organization (WHO). "Obesity and Overweight." 2018. www.who.int/en/news-room/fact-sheets/detail/obesity-and-overweight.

著者紹介

Allen Hedrick, M.A, CSCS,*D, FNSCA, Coach Practitioner

　2009月9月より，コロラド州立大学プエブロ校のヘッドS&Cコーチ。カリフォルニア州立大学チコ校で学士，カリフォルニア州立大学フレズノ校で修士を取得後，コロラド州コロラドスプリングスのUSAオリンピックトレーニングセンターでS&Cコーチを3年務める。その後，同じくコロラドスプリングズの空軍士官学校で3年間アシスタントS&Cコーチ，9年間ヘッドS&Cコーチを務める。この間，全体のS&Cプログラムを管理しつつ，特にフットボールとバレーボールの指導を担当する。

　その後，NSCA本部で最初のヘッドS&Cコーチとなり，教育コーディネーターとしても貢献。その後，現在のコロラド州立大学プエブロ校のヘッドS&Cコーチに就任する。

　こうしたキャリアの中，小学生からプロ選手，オリンピアンまで，指導を行ってきた。この中には，スピードスケートのボニー・ブレアーやレスリング，グレコローマンのマット・ガーファリといったメダリストも含まれる。また，S&Cに関する様々なトピックスについて，科学論文，書籍，DVDといった様々な媒体で100以上の出版物を発刊。米国内ではもちろん，グアテマラ，日本，オーストラリア，中国といった国のカンファレンスでも多くのプレゼンテーションを行う。2003年にはNSCAから大学S&Cコーチ・オブ・ザ・イヤーを受賞している。

訳者紹介

和田 洋明（わだ　ひろあき），CSCS, NSCA-CPT, USA Weightlifting Level I coach

　2002年にウイダートレーニングラボ ヘッドS&Cコーチに就任し，NSCAジャパンと協力し，国内初のS&C施設を立ち上げる。この頃から，米国の大学チームやプロチームに出向き短期研修を行う。著者がヘッドS&Cコーチとして正式採用される前年に，その指示のもとコロラド州立大学プエブロ校のS&Cコーチとして，アメリカンフットボールチームおよび女子ソフトボール部の指導を行う。帰国後，ジャパンラグビートップリーグの福岡サニックスブルース（現宗像サニックスブルース）で8シーズンの間，ヘッドS&Cコーチを務める。2017年より，日野レッドドルフィンズ ヘッドS&Cコーチとなり，現在にいたる。

パフォーマンス向上のための
ダンベルトレーニング
オリンピックリフティングを効率的にマスターできる

2020 年 6 月 30 日　第 1 版　第 1 刷

著　者	Allen Hedrick
訳　者	和田　洋明　Hiroaki Wada
発行者	長島　宏之
発行所	有限会社ナップ
	〒 111-0056　東京都台東区小島 1-7-13 NK ビル
	TEL 03-5820-7522 ／ FAX 03-5820-7523
	ホームページ　http://www.nap-ltd.co.jp/
印　刷	三報社印刷株式会社